아이들은
자격이
있다!

아이들은 자격이 있다!

교육, 혁신, 창의성의 원천

KIDS DESERVE IT!

토드 네슬로니 · 애덤 웰컴 지음

강순이 옮김

"교실에는 지금 대단히 좋은 일들이 일어나고 있고, 저자인 토드와 애덤은 바로 그 한가운데에 있다. 이 책은 자신이 현재 하는 일을 왜 하는지 이유를 다시 생각해보고, 목적을 되새길 필요가 있는 사람들 모두를 위한 책이다. 아이들은 자격이 있다! 이 주문을 사랑하는 사람이 점점 더 많아지길 바란다. 세상이 얼마나 더 밝아지겠는가. 나는 이 유익한 이야기를 나누기 위한 저자들의 헌신에 영감과 격려를 받았다. 그들의 노력이 유익한 생각을 더 많이 불러올 것이라고 확신한다. 어린이나 청소년을 돌보는 일을 하고 응원이 필요한 모든 이들을 위한 책이다"

브래드 몬태규 Brad Montague
〈Kid President〉의 작가, 연출자, 제작자

"아이들은 자격이 있다!는 아이들의 삶에 변화를 만들어내는 일에 관한 진솔한 이야기다. 아이들을 위해 더 나은 세상을 만드는 일에 동참하고 있는 누구에게나 유용한 현실적인 교훈과 아이디어를 준다"

스티브 메슬러 Steve Mesler
올림픽 금메달 수상자, 〈Classroom Champions〉의 공동 설립자이자 CEO

"토드와 애덤은 경험 많은 교육자나 예비 교육자 모두의 필독서가 될 책을 썼다. 이 책은 모든 위대한 교육자가 알고 있는 사실을 다시 한번 확인해준다. 교육에서 중요한 것은 지식을 전달하고 시험을 보는 것이 아니라 영감을 주고 격려를 해주는 것이라는 사실을. 메시지보다 메신저가 더 중요하고, 할 수 있다고 누군가 믿어준다는 것을 알 때 학생들은 놀라운 일들을 성취할 수 있다는 사실을. 이 책은 특히 시스템 안에서 희망을 잃어가고, 교육자라는 직업의 중요성에 의문을 품고 있는 선생님들에게 필요한 확신을 준다"

니콜라스 페로니 Nicholas Ferroni
「피플People」지가 선정한 '올해의 가장 섹시한 교사', 작가, 시민 운동가

"토드와 애덤은 당신의 마음을 따뜻하게 하고, 웃음을 주고, 학생들과의 관계가 좋아지도록 도와줄 것이다. 당신의 교실과 학교를 더 좋은 곳으로 만들고 싶다면 이 책을 사라! 아이들도 자격이 있지만, 나는 모든 교사도 매일 자신이 변화를 만들고 있다는 것을 알 자격이 있다고 믿는다. 배움은 우리 모두에게 기쁨이어야 한다. 우리는 모두 그럴 자격이 있다! 이 책에는 이런 아이디어들이 나온다. 차이를 만들어내는 아이디어, 삶을 바꾸는 아이디어, 기쁨을 불러오는 아이디어. 실행하기 그다지 어렵지 않지만 세상에 큰 차이를 가져오는 그런 아이디어. 이런 아이디어들을 실천하자"

비키 데이비스 Vicki Davis
〈Cool Cat Teacher〉 블로그 운영자, 〈Every Classroom Matters〉 팟캐스트 진행자

"아이들은 자격이 있다!는 교육자들에게 혁신을 감행하자는 훌륭한—꼭 필요한—제안을 한다. 토드 네슬로니와 애덤 웰컴은 아이들에게 더 좋은 교육을 제공하기 위해 우리의 집단적 창의성을 활성화하는 고무적이고 실용적인 안내서를 만들었다. 활동적인 2인조인 토드와 애덤은 교육자들이 모든 아이를 잘 가르칠 수 있도록 격려할 뛰어난 영감과 아이디어를 제공한다. 부모님이나 어린이를 돌보는 사람도 이 책을 읽는다면 많은 도움을 얻을 것이다"

피터 H. 레이놀즈 Peter H. Reynolds
『The Dot』의 저자

"토드 네슬로니와 애덤 웰컴은 모든 학생들에게 희망을 주고, 동기를 부여하고, 지지하고, 교육하기 위해 모든 노력을 다하는 보기 드문 교육자들이다. 우리 모두가 그렇게 해야 한다는 것을 기억한다면 모든 아이들이 얼마나 잘 성장하게 될지 상상해보라. 토드와 애덤에게는 언제나 아이들이 먼저다. 아이들은 자격이 있다!는 반드시 읽어야 할 책이다"

킴 비어든 Kim Bearden
론 클라크 아카데미의 공동 설립자, 교육자, 연설가,
『Crash Course: The Life Lessons My Students Taught Me』의 저자

6

"아이들은 자격이 있다!에서 토드 네슬로니와 애덤 웰컴은 교육자들에게 애초에 왜 교직에 들어왔는지를 기억하고, 어린이들의 삶에 변화를 만들고 싶다는 생각을 맨 처음 들게 했던 그 열정을 되살리도록 자극한다. 또한 아이들을 최우선에 두는 것을 어렵게 만드는 정책과 사람들 앞에서 용감해지라고 격려한다. 많은 개인적인 이야기와 실용적이고 전문적인 조언을 통해 네슬로니와 웰컴은 자신들의 학교에서 교수학습을 향상하기 위해 어떻게 노력했는지 이야기할 뿐 아니라, 날마다 우리 학생들을 응원하고 지지해주는 것이 왜 우리에게 가장 중요한 일인지를 일깨워주는 직업적 원천을 만들었다. 무엇보다 아이들은 그럴 가치가 있기 때문이다"

제니퍼 라가드 Jennifer LaGarde
학교 도서관 미디어 코디네이터, 디지털 교수학습 전문가

"아이들은 자격이 있다!는 모든 단계의 교육자들에게 연료를 공급해주는 실행 가능한 아이디어로 가득 찬 간결하고도 탁월한 책이다. 이 강력하고 작은 아이디어와 이야기 모음은 학부모, 교사, 관리자 누구에게나 정신적 자양분을 줄 것이고, 자신이 애초에 왜 아이들을 가르치는 일을 선택했는지 기억하게 해줄 것이다. 편안히 앉아서 애덤과 토드가 안내하는 길을 따라가다 보면 자신이 하는 일이 얼마나 위대한 일인지를 깨닫게 될 것이다. 나는 그들이 소셜 미디어를 통해 자신들의 메시지를 조금씩 더 증폭하면서 영향력을 미치는 것을 보고 감명을 받았다. 그들의 통찰력과 열의, 아이들과의 연결은 지금도 여전히 깊은 감명을 준다. 그리고 의심할 여지 없이 아이들은 그럴 가치가 있다"

에릭 월 Erik Wahl
그라피티 예술가, 작가

"아이들은 자격이 있다!에서 토드와 애덤은 혁신적이고 창의적인 교육
자와 리더가 되기 위한 명확하고 강력한 전략을 제공한다. 우리는 이제
아이들을 위한 아주 작은 불씨여서는 안 된다. 우리는 모두 안전지대에
서 나와서 학습지대로 이동해야 한다. 다른 혁신가들과 연결되어야 한
다. 이 책을 읽고 나면 모든 아이에게 온 마음을 쏟게 될 것이다. 아이들
은 그럴 가치가 있다!"

살로메 토마스-EL Salome Thomas-EL

『The Immortality of Influence』의 저자, 교장

"아이들은 자격이 있다!는 자신의 교실에서 모험할 뿐만 아니라 학생들
에게 현시대에 맞는 교육을 제공하기 위해 자신의 안전지대 밖으로 과
감히 나서는 교육자들의 영향력에 대한 훌륭한 증언이다. 토드와 애덤
은 '위험을 감수하는 모험'의 보상이 위험보다 절대적으로 크다는 것을
절묘하게 보여준다. 모든 교육자를 위한 필독서!"

데이지 다이어 듀어 Daisy Dyer Duerr

〈Redesigning Rural Education〉 설립자, 전미중등학교장협회(NASSP) 디지털 의장

8

"아이들은 자격이 있다!는 혼란을 헤치고 들어가 교육에서 가장 중요한 핵심, 바로 관계에 초점을 맞춘다. 토드와 애덤은 다양한 사회경제적 배경을 가진 아이들을 총 20년간 교육하면서 직면한 어려움에 대하여 현실적이고 실용적인 이야기들을 제공한다. 이 책은 교육계 내에서 기술이 가지는 역할의 중요성이 점점 더 커지고 있는 상황에서 나왔다. 아이들이 잘 성장할 수 있게 도와주는 것은 단지 기술이 아니라 그 기술 뒤의 사람이라는 사실을 일깨워준다"

브렛 코프 Brett Kopf
〈Remind〉 공동 설립자이자 CEO

"아이들은 자격이 있다!는 자신의 안전지대 밖으로 나가 학교에서 일어나야 할 흥미진진한 배움에 도달하기 위해 영감이 필요한 교사들을 위한 책이다. 왜 그래야 하냐고? 학생들에게 배움이 의미 있다는 것을 보여주어야 하기 때문이다. 또한, 이 책은 동기부여와 이야기, 우리 교실을 변신시키는 단계 등을 제공한다"

셸리 산체스 테럴 Shelly Sanchez Terrell
『The 30 Goals Challenge for Teachers』의 저자, 교사 양성가

"교육은 살아남기 위해 혁신해야 하고, 경계를 넓혀가야 하고, 색다른 일을 해야 한다. 교육은 또한 관계가 열쇠인 분야이다. 토드와 애덤은 이런 아이디어를 한곳에 모았다. 아이들은 자격이 있다!가 바로 그곳이다. 이제 좋은 것만으로는 충분하지 않다. 우리 아이들은 더 많은 것을 받을 자격이 있다"

토드 휘터커 Todd Whitaker
『훌륭한 교사는 무엇이 다른가』의 저자, 연설가

"아이들은 자격이 있다!는 단순한 책이 아니다. 이 책을 읽으면서 두 명의 훌륭한 친구와 커피를 마시고 있는 것 같은 기분이 들었다. 우리는 함께 웃고, 몇 번은 울기도 했으며, 책을 다 읽은 후에는 아이들을 위해 세상을 바꾸고 싶다는 의욕이 샘솟았다. 애덤 웰컴과 토드 네슬로니는 손에 영감을 쥐고 있는 것이 어떤 느낌인지 알려주었다. 그 영감은 바로 이 책, 아이들은 자격이 있다!이다. 이 책을 읽고 나서도 아이들을 위해 멋진 일을 할 힘이 생기지 않을 수 있는지 한번 시험해보라"

브래드 거스탑슨 Brad Gustafson
2016년 미네소타 주 우수학교장, 『Renegade Leadership』의 저자

"아이들은 자격이 있다!를 읽으며 눈물이 났다. 이 책은 학생들과 학부모들이 자신의 교사가 읽고 학교에서 실천하기를 바라는 바로 그런 책이다. 창의력을 촉발하고 연결과 배려를 돕는 실제적이고 현실적인 아이디어가 담겨 있고, 각 장(특히 '섬에서 나와라'와 '선택과 결정')의 끝에는 독자가 더 깊이 생각해보게 하는 어려운 질문이 나온다.
특히 유용한 내용은 온라인에서 '자신의 동료'를 찾고, 연결된 세상의 힘을 이용하는 방법에 대한 제안이다. 그 방법을 통해 독자들은 새로운 전문 기술에 접근해 배울 수 있고, 창의적인 교육자 공동체의 일원이 될 수 있다. '그럭저럭 살아가는 것'과 '쉬운 길을 택하는 것'에 덜 집중하고, 삶을 변화시키고 아이들을 돕기 위해 무엇을 할 수 있는지 생각하는 일에 더 집중하는—또한 아이들을 사랑하는— 공동체는 전지구적 배움 공동체의 일원이 된다"

잭 안드라카 Jack Andraka
내셔널 지오그래픽National Geographic 탐험가, 제퍼슨 어워드Jefferson Award 수상자

"아이들은 자격이 있다!에서 토드와 애덤은 깊은 생각과 진심이 담긴 조언을 통해 좋은 아이디어를 불러일으키는 실생활 이야기들을 한데 모아 엮어냈다. 그 결과 교육의 중심에 학생들을 놓기 위한 깊이 있는 공식이 나왔다. 대담해지고, 용감해지고, 모범을 보이고, 혁신하고, 연결되고, 불확실성과 불편을 포용하고, 부단히 배우고 발전하라. 모든 단계의 교육자들을 위한 탁월한 책이다"

앤절러 메이어스 Angela Maiers

교육자, 저술가, 〈Choose2Matter〉 설립자

"놀라운 책이다! 네슬로니와 웰컴은 사고방식을 획기적으로 전환하는 책을 썼다. 너무도 오랫동안 학교는 순응이 미덕인 곳이었다. 네슬로니와 웰컴은 이 믿음을 산산이 부수고 세상을 바꾸는 것을 목표로 삼는다. 그들은 먼저 아이들의 가치를 믿는다. 또한, 이 책을 읽으면서 당신은 자신의 학교와 교실, 그리고—가장 중요하게는—사고방식을 바꿀 실용적이고 합리적인 방법들을 빠르게 찾게 될 것이다. 내가 가장 좋아하는 부분은 7장이다. '작은 일'을 실천하는 방법은 어른들이 자주 간과하는 부분이다. 학생 중심의 문화로 바꾸기 위한 실용적인 방법들이 무척 마음에 든다. 틀림없이 이 책은 당신의 정신을 고양할 것이고, 당신이 우리 학생들에게 필요한 변화가 되도록 힘을 줄 것이다"

벤 길핀 Ben Gilpin

워너 초등학교 교장, 『Redesigning Learning Spaces』의 공동 저자

"우리 모든 학생이 최고의 교육을 받을 자격이 있다는 이 단순한 주장을 어느 누가 반박할 수 있겠는가? 대단히 사려 깊고 실용적이고 상식적인 접근법을 통해 애덤 웰컴과 토드 네슬로니는 아이들이 그럴 가치가 있다는 것을 보여줄 뿐 아니라 그것을 하는 데 필요한 단계를 독자들에게 제공한다"

피터 드위트 Peter DeWitt

〈Finding Common Ground〉 블로그 운영자, 교육학 박사, 저술가

"토드 네슬로니와 애덤 웰컴은 강력한 이야기를 통해 우리가 학생들을 위해 어떻게 모든 노력을 다해야 하는지를 분명히 보여주는 설득력 있는 서술을 제공한다. 그들이 들려주는 사례에 담긴 열정과 창의력은 지금 꼭 필요한 변화를 위하여, 할 수 있다는 마음가짐을 가지는 데 도움이 될 것이다"

에릭 셰닝어 Eric Sheninger

〈교육리더십을 위한 국제센터International Center for Leadership in Education〉 선임 연구원

"우리는 모두 아이들의 가치를 믿는다. 애덤과 토드는 우리가 어떻게 아이들에게 영웅이 되어줄 수 있는지에 대한 실용적인 제안과 영감을 제공한다. 이 책은 우리가 가르치는 일에서 무엇을 사랑하는지, 아이들의 정신을 어떻게 고양할 수 있는지를 기억하게 도와준다.

나의 최고의 날은 학생들이 멋진 날을 보내는 때이다. 애덤과 토드는 재미있고 영감을 주는 이야기와 더불어 학생들의 최고의 날을 만드는 방법에 대한 실용적인 팁을 제공한다"

앨리스 킬러 Alice Keeler
저술가, 교육공학 전문가

"토드 네슬로니와 애덤 웰컴은 아이들을 교육 활동의 중심에 두는 것의 중요성을 인식할 뿐 아니라 모든 학교 리더들을 자기개발과 전문성 신장으로 이끌 실용적인 팁과 숙고할 점들을 제안한다"

게일 코널리 Gail Connelly
전미초등학교장협회(NAESP) 전무이사

이 책을
할 수 없다거나 하면 안 된다는 말을 들어오면서도
아이들을 위한 최선을 만들기 위해 외롭게 싸워온
교육자들에게 바칩니다.

또한 자신을 위해 기꺼이 싸워줄
교육자들을 아직 만나지 못한
아이들에게 바칩니다.

이 책이 긍정적이고 지속적인
변화를 이끄는
기폭제가 되기를 바랍니다.

여는 글 _____

사람들을 교직으로 이끄는 것은 돈이 아니다. 사람들이 교직을 택하는 이유는 변화를 만들고 싶어서다. 아이들의 삶을 바꾸고 미래 세대에 지혜를 전해주고 싶어서다.

이 책은 아이들에게 더 많은 것을 주고 싶어 하는 그런 교육자들 중 두 사람의 대화에서 탄생했다. 우리 두 사람은 아이들과 교육, 혁신과 창의성에 대한 열정을 가진 관리자들이다. 우리는 2015년 전미 초등학교장협회 학술대회에 참석해 들었던 교육과 창의성, 상상력에 관한 에릭 월Erik Wahl(그라피티 예술가―옮긴이)의 연설을 아직도 기억한다. 에릭의 연설을 통해 우리는 틀에 박힌 사고를 밀어내고, 현 상황에 도전하고, 평계를 대지 않는 그런 공간을 만들고 싶어 한다는 것을 알았다. 우리는 용감해지고 싶었다.

우리는 둘 다 초등학교 교장으로, 모든 계층의 학생들을 지도한다. 한 명은 작은 지방 도시의 학교에 있는데, 학생들은 다양한 저소득층(90퍼센트 가까운 학생들이 무료 급식이나 급식비 할인을 받는다) 집단으로 구성되어 있다. 다른 한 명은 훨씬 더 큰 교육구教育區에 속한 학교에서 근무한다. 그곳에도 성격은 완전히 다르지만 여전히 요구사항과 어려운 문제들이 존재한다.

교육자로서 우리는 다른 이들이 우리에게 완수하라고 요구하는 과업에 매이게 되기 쉽다. 우리는 금세 '시스템'에 압도되거나, '늘 해오던' 틀에 갇히게 된다. 이 책 전반에 걸쳐 우리의 바람은 그런 틀에 얽매이지 말고 그것을 부수고 나올 수 있도록 격려하고 자극하는 것이다. 우리의 목표는 우리의 이야기를 통해 당신에게 희망을 주고 버틸 수 있는 용기를 주는 것이다. 이 책에서 나누는 아이디어와 도구들이—우리가 교직 생활에서 사용해온 자원들이—당신이 계속 성장해서 최선의 자아를 실현하는 데 도움이 되기를 바란다. 왜냐고? 아이들에게 최선의 것을 주고 싶기 때문이다.

아이들의 모든 부분을 성장시키는 것이 교육이 지향하는 최고의 가치라는 우리의 신념을 '아이들은 자격이 있다!'를 통해 나누기를 꿈꾼다. 교육자이자 어른인 우리는 어린애 같은 경이감, 가치를 인정받고 관심을 받고 싶은 한없는 인간의 욕구, 창의적인 영감을 받고 다른 이들에게 영감을 불어 넣을 수 있는 우리의 능력을 기억해야 한다.

교육자들은 현실에 안주해서는 안 된다. 가는 길에 나타나는 장애물 때문에 걸음을 멈춰서도 안 된다. 우리는 끝까지 포기하지 말아야 한다. 한계에 도전해야 하고, 우리 학생들에게 최고의 교육을 제공하기 위한 싸움을 멈추지 말아야 한다. 왜냐하면 아이들 한 명 한 명이 그럴 자격이 있는 소중한 존재들이기 때문이다.

차례

1장 창의력을 발휘하고,
과감하게 시도하라!

만약 교사나 교장이 어떤 아이디어를 생각해내고, 학생들의 관심을 끌어모은 다음—짜잔—뭔가 새로운 것을 시도한다면 어떤 일이 일어날까? 아무런 망설임 없이, 실패를 걱정하지 않고 시도한다면 말이다.

아니면 다른 경우를 생각해보자. 어떤 학생이 기막힌 아이디어를 가져오고, 교사나 교장이 그 아이디어를 그대로 받아들여 실행한다면 어떨까? 아무런 주저함도 없이 말이다!

왜 이런 일들이 일어나지 않는 것일까? 이것이야말로 공통교육과정(Common Core, 커먼코어: 초·중등 학생의 공통중핵교육기준으로 오바마 정부가 추진한 공교육 강화 정책—옮긴이)에서 말하는 '협업과 의사소통'이 아닐까? 개인적이고 자발적인 차원에서 이뤄지는 연결과 영감이 아닐까?

배움은 항상 계획하거나 준비해야 하는 것은 아니다. 교실에서만 일어나는 것도 아니며, 아이들이 하교했다고 배움이 멈추는 것도 아니다. 예기치 않은 영감의 순간에 배움이 일어날 기회는 얼마든지 있다.

문제는 이것이다. 뛰어들 것인가? 예기치 않게 찾아오는 그런 배움의 순간들을 붙잡을 것인가? 그렇지만 나는 창의력이 없어라고 말하는 당신을 위한 좋은 소식이 있다! 창의력을 가지고 태어나는 사람은 없다. 창의력은 갈고닦고 개발해야 하는 능력인 것이다.

우리 학생들이 날마다 맞닥뜨리는 우리의 교육 환경을 생각해보자. 만약 창의력이 당신의 교실을 지배하고 있어서 어떤 흥미진진한 일들이 벌어질지 아이들이 예상할 수 없는 그런 환경이라면 어떨까? 학생들은 상상력이 반짝이는 아이디어를 발산하고, 또한 그 아이디어가 어른들의 아이디어 못지않게 귀중하다는 것을 당신에게서 배울 것이다. 우리가 날마다 새로운 아이디어를 탐색하는 데 시간을 투자한다면, 보조바퀴를 떼고 아이들이 얼마나 멀리 갈 수 있는지 지켜본다면 어떨까?

뛰어들 것인가?

예기치 않게 찾아오는 배움의 순간들을 붙잡을 것인가?

학생들에게 이야깃거리를 줘라

조지아 주 애틀랜타에 있는 론 클라크 아카데미Ron Clark Academy

를 방문한 직후 나(토드)는 교실을 새롭게 변신시켰다. 내 교직 생활에서 그 방문만큼 큰 영향을 받은 경험은 거의 없었다. 론 클라크Ron Clark와 킴 비어든Kim Bearden 같은 교사들의 수업을 참관한 경험은 교실 내의 창의성과 정서경험Emotional experiences에 대한 생각을 확고히 정립하는 계기가 되었다.

킴은 정서경험을 교실 활동에 포함하는 것에 대해 이야기했고, 교사도 때로는 흥분하기도 하고 즉흥적이거나 엉뚱할 필요도 있다고 강조했다. 그녀는 우리의 교실 공간을 새롭게 바꾸는 것이 배움에 엄청난 영향을 줄 수 있다고 말했다. 맞는 말이다. 연구에 따르면 우리의 기억은 정서경험을 바탕으로 한다.

킴의 조언을 받아들인 나는 새로운 아이디어를 가지고 텍사스로 돌아왔다. 몇 주간 계획을 세우고 달러 트리(Dollar tree: 저가할인점—옮긴이)에서 35달러 정도의 물품을 구입하여 '네즈 병원'이 탄생했다.

교실을 변신시키기 일주일 전부터 나는 기대감을 고조시켰다. 매일 아이들에게 금요일에는 수업에 빠지지 않는 것이 좋을 거라고 말했다. 지금껏 한 번도 경험하지 못한 새로운 경험을 하게 될 거라는 말도 덧붙였다. 내가 말해준 것은 그게 다였다. 아이들은 어떤 일이 벌어질지 전혀 짐작하지 못하면서도 어이쿠, 엄청난 흥미를 보였다!

'놓쳐서는 안 되는' 그 금요일 전날인 목요일 저녁에 나는 교실을 수술실로 변신시켰다. 투명한 비닐 식탁보로 벽을 덮고, 모든 책상에는 파란색 식탁보를 깔았다. 심장이 뛰고 있는 3D 그래픽 영상을 프로젝터로 띄워놓았고, 아이팟에 심장 뛰는 소리를 내려받았다. 또한 지렁이 모양의 젤리와 붉은 물감을 탄 물, 핀셋, 갤런(3.78리터) 사이즈 지퍼백 등을 이용하는 여러 활동을 준비했다.

그다음 날 교실에 온 아이들을 맞이한 것은 잠긴 교실문과 "곧 의사 선생님을 만나게 될 거예요"라고 쓰인 안내문이었다. 수업종이 울리자 나는 교실 밖으로 뛰쳐나갔다. 의사 가운 차림에 안경을 쓰고(나는 평소에 안경을 쓰지 않는다), '닥터 네즈빗Dr. Nezbit'이라는 이름이 적힌 임시 출입증을 달고 있었다. 나는 평소와 다른 말씨로 학생들에게 반갑게 인사했다. 닥터 네즈빗이라고 나를 소개하고는 오늘은 담당 교사가 출장 중이어서 내가 학생들을 대상으로 네즈 병원에서 후원하는 신입 의사 연수 프로그램을 진행할 거라고 설명했다.

아이들은 '수술실'에 들어와서 '수술 복장'(고등학교 화학과에서 빌려온 마스크, 장갑, 보호안경, 머리망, 실험실용 앞치마)을 착용했다.

수업 시간 내내 나는 이야기를 들려주었고, 아이들은 당시의 학습 수준에 맞춘 실험을 하나씩 끝냈다. 우리는 지렁이 모양 젤리(기생충)와 붉은 물감을 탄 물(피)을 이용해 물속에 있는 기생충의 길이를 재는 것부터 시작해서 각기 다른 세 개의 테이블이 들어가면서 최대한 많은 인원을 수용할 수 있는 학교식당 공간 만들기, 수학 문제를 이용해 환자 기록에 나타난 병원의 모순 해결하기까지 다양한 활동을 했다. 실로 마법 같은 체험이었다.

학생들과 함께 점심을 먹고 있는데 교장 선생님이 다가와서 이렇게 물었다. "네즈빗 의사 선생님. 오늘 교육은 잘 진행되고 있나요?" 교장 선생님이 가고 나서 한 아이가 말했다. "교장 선생님은 선생님이 사실은 네즈빗 선생님이 아니란 걸 아시는 거죠, 그렇죠?" 좋았어!

나는 학생들에게 월요일에 토드 선생님이 신입 의사 연수 프로그램을 수료한 모든 학생들에게 수료증을 줄 거라고 말했다. 그런데 정신없이 주말을 보낸 나는 수료증을 만드는 걸 그만 까맣게 잊어버리고 말았다. 월요일 아침에 학생들이 문 앞에 줄을 섰다. 아이들은 그날 닥터 네즈빗과 있었던 일들을 하나에서 열까지 죄다 이야기했고, 수료증은 어디에 있는지 물었다. 나는 회의 시간에 수료증을 만들었다. 한 명도 빠짐없이 모든 아이들이 수료증을 받게 해야 했다. 만약 그러지 않았다면 아이들은 나를 퇴근도 못하게 했을 것이다.

그날 이후 계속 학생들은 네즈빗 선생님이 언제 다시 오냐고 물었다. 몇 해 전에 있었던 일이지만 학생들은 아직도 그날에 대해 이야기한다.

사실 나는 새로운 활동을 시도하기가 겁이 나서 그 계획을 실행하지 않을 수도 있었다. 효과가 없을 거다, 학생들이 감당하지 못할 거다, 교장 선생님이 허락하지 않을 거다, 시간이 없다 등의 핑계를 댈 수도 있었다. 그러나 나는 그런 핑계는 생각하지 않으려 노력했고, 나의 안전지대Comfort zone에서 걸어 나와 아이디어를 실행에 옮겼다. 그 결과 더할 수 없는 행복을 느꼈다. 이 경험을 통해 나는 교육자로서 진정한 변화를 이룰 수 있었다.

위험을 감수하라

현대인이라면 누구나 이런 상황에서 일하고 있지 않은가? 계획에 없던 일은 절대 일어나지 않는 직장에 다니는 사람이 우리 중 누가 있는가? 교육자로서 우리가 하는 일 또한 정해진 대본을 따르지 않는다. 세심하게 계획한 날들도 예상치 못한 사건이나 소소한 행운, 때로는 시련이나 큰 성공으로 채워진다.

세심하게 계획한 날들도 예상치 못한 사건들로 채워진다.

우리 교육자들은 흥미진진하고 창의적이며 가치 있는 환경을 조성할 책임이 있다. 위험을 감수하고 새로운 일을 시도하는 것을 두려워해서는 안 된다. 물론, 뜻대로 일이 되지 않아서 실패를 막으려면 또 다른 시도를 해야 할 때도 있을지 모른다. 그렇지만 그런 일은 일어나지 않을 것이다. 아마도 우리는 더욱더 과감한 시도를 할 것이고, 교실과 학교 곳곳에서 학생들의 상상력을 높여주는 완전히 새로운 것들을 만들어 낼 수 있을 것이다. 그렇게 된다면 우리의 아이들은 창의적인 사고 능력과 호기심 그리고 발견 능력을 기를 수 있고, 그 능력들을 아이들은 교실을 떠난 뒤에도 오랫동안 사용할 것이다.

이 책은 실패할 위험이 있더라도 과감하게 나아가는 것—아직

해보지 않았거나, 예기치 않은 일을 하는 것—에 관한 책이다. 우리는 우리의 교실에 그런 뜨거운 열정을 쏟을 수 있다. 우리의 학교는, 우리의 지역사회는, 그리고 우리의 아이들은 그만한 열정을 쏟을 가치가 있다!

✖ 생각해보고 의견을 나눌 주제들 ✖

1 어떻게 하면 '과감한 시도'를 할 수 있을까요?
2 수업 시간에 학생들의 흥미를 높이기 위해 창의력을 발휘할 수 있는 새로운 방법에는 무엇이 있을까요?
3 새로운 시도를 계획하고 모험을 하는 것을 두려워하지 마세요. 시도해보고 싶었지만 그러지 못한 아이디어는 무엇인가요?

#KidsDeserveIt

2장 섬에서 나와라

오늘날 교육은 우리가 교직에 처음 들어왔던 때와는 무척 다르다. 우리는 교실이라는 제한된 공간에서만 가르쳤다. 세계 각지의 사람들과 대화하는 것은─협력하는 것은 고사하고─상상도 하지 못했다. 우리는 고개를 파묻고 일에만 매달렸다. 그 과정에서 가르치는 일이 대단히 외로운 직업일 수 있다는 것을 알게 되었다.

외로움보다 더 나쁜 것은 주변 환경의 영향으로 소극적인 태도를 갖게 되는 것이다. 혁신적인 시도를 하고 경계를 넓히고 싶어도 현 상태를 유지하는 것 말고는 어떤 것도 할 의지가 없는 사람들을 보면 홀로 고립된 기분을 느끼게 된다. 아이들을 위한 최선이라고 생각되는 일을 하기 위해서는 문 닫고 남몰래 가르치거나 다른 사람들의 관심을 끌어서는 안 될 것 같다는 생각을 하게 될지도 모른다. 이것은 제대로 일을 하는 것이 아니다. 간신히 버티는 것에 불과하다. 또한 이런 식으로 타인과의 교류 없이 반복적이고 고립된 생활을 이어가는 것은 새로운 아이디어를 얻는 데 아무런 도움이 되지 않는다.

고립의 이유가 무엇이든, 번뜩이는 아이디어를 얻고 싶다면 '섬을 빠져나와' 협력을 시작해야 한다. 다행스럽게도 누구와 연결되고 협력할지는 자신이 선택할 수 있다. 또한 그 누군가가 자기 학교 안에 있는 사람일 필요도 없다.

동료를 찾아라

내(토드)가 소셜 미디어를 통해 처음 연결된 것은 교직생활 5년 차가 끝나갈 무렵이었다. 나는 나 자신을 경계를 넓혀가는 혁신가라고 여겼지만, 경계를 넓히는 노력을 하는 과정에서 고립 상태에 빠지고 말았다. 나는 외로운 늑대가 된 것 같은 기분이 들 때가 많았다. 주변에는 온통 눈을 부라리며 등 뒤에서 수군거리는, '늘 해오던 방식'을 좋아하는 사람들뿐이었다.

그 당시 우리 지역 부교육감인 트로이 무니가 내게 트위터(Twitter: 소셜 네트워크 서비스로 영미권에서는 교육분야에 많이 활용하고 있음– 옮긴이)를 해보라고 권했다. 나는 조금도 관심이 가지 않았다. 알지도 못하는 사람들과 뭐하러 연결되어야 한단 말인가? 이미 페이스북 계정이 있었던 나는 트위터 계정까지 필요하다고 생각하지 않았다. 게다가 시간도 없었다. 5학년 학생 75명을 가르치고 있는 상황에서 트위터 할 시간이 어디 있겠는가?

그렇지만 어느 누가 정말로 부교육감에게 "싫습니다"라고 말하겠는가? 그래서 한번 해보기로 하고, 계정을 만들고 모든 준비를 끝냈다. 그런 다음에는 그냥 앉아서 구경만 했다. 글을 올리지도 않았고 아무 데도 참여하지 않았다. 그저 다른 사람들이 무슨 얘기를 나누는지 지켜보기만 했다. 하지만 여기저기서 새로운 아이디어를 얻었고, 그중 몇 개는 리트윗하기도 했다.

얼마 후, 나는 당시로서는 용감한 시도를 했다. 내 생각을 트위터에 쓰고, 내 아이디어를 공유한 것이다. 누군가가 내 글에 '마음에 들어요' 표시를 하고, 또 누군가가 내 글 중 하나를 리트윗했을 때 나는 트위터의 매력에 푹 빠졌고, 대단히 새롭고 기쁜 사실을 불현듯 깨달았다. 와우, 내가 말한 내용을 좋아하는 사람이 있다니? 어쩌면 정말 내게도 할 이야기가 있는 건지도 몰라!

"당신의 기막힌 아이디어를 공유하지 않는다면,

다른 사람들에게 몹쓸 짓을 하고 있는 것이다" 앤절러 메이어스

그 순간 이후 나는 텍사스 작은 마을의 작은 학교 안에 있는 나의 작은 섬을 벗어나 사람들과 연결되는 것에 얼마나 강력한 힘이 있는지를 느껴왔다.

나는 앤절러 메이어스Angela Meiers가 내게 한 이 말을 항상 기억할 것이다. "교육자라면 누구나 기막힌 아이디어를 가지고 있습니다. 당신의 기막힌 아이디어를 공유하지 않는다면, 당신에게서 배울 수

있고 또 배우고 싶어 하는 이 분야의 사람들에게 몹쓸 짓을 하고 있는 것입니다"

그렇게 나는 다른 사람들과 연결되고 내 아이디어를 공유하기 시작했고, 심지어 협업까지 하게 되었다. 교직 생활을 시작했을 때에는 세계 곳곳의 사람들과 협업할 거라고는 상상도 하지 못했다. 그러나 트위터를 통해 내 학생들과 나는 다른 나라의 학생들, 올림픽과 장애인 올림픽 운동선수들, 백악관 직원 등 많은 사람들과 연결되면서 협업할 기회를 얻었다.

나는 '섬' 밖의 사람들과 연결되기로 결심했다. 겁이 나기도 했고, 처음에는 내가 뭘 하고 있는 건지도 몰랐다. 하지만 나는 '나의 동료'를 찾아야만 했다. 나만큼 열정적이고 활동적인 다른 교육자들을 찾아야 했다. 그 사람들을 찾지 못했다면 아마 지독한 외로움 때문에 중도에 포기했을 것이다.

그리고 내가 있던 섬을 빠져나옴으로써 나는 나의 목적을 이룰 수 있었다. 한 인간으로서 또한 교육자로서 성장할 수 있었고 내 학생들은 그 혜택을 누렸다.

연결되다

교장이 되고 나서 나(애덤)는 학교의 유일한 관리자가 되는 것이 무척 외로울 수 있다는 것을 아주 분명히 알게 되었다. 트위터에는 몇 해 전에 가입한 상태였지만 활동은 그다지 많이 하지 않고 있었다. 그러던 중에 어떤 교육자 모임에서 피터 드위트Peter DeWitt를 만나고 나의 트위터 생활은 날개를 달게 되었다! 나를 믿어주고 독려해주는 멘토를 만난 것이 그 모든 변화를 가져온 것이다! 우리는 누구나 그렇게 '독려해주는 사람'―우리가 가능할 거라고 생각하는 것보다 더 많은 것을 우리에게서 끌어내는 코치―이 필요하다. 그들은 우리가 더 높이 그리고 더 빨리 올라가도록 힘을 불어넣어준다.

나는 트위터를 통한 연결의 가치를 알았기 때문에 우리 교육구의 다른 교장들에게도 트위터를 하라고 설득했다. 이런 걸 동료압력peer pressure이라고 부르는 사람들도 있겠지만 나는 교육압력(#edupressure, '#' 뒤에 특정 단어를 넣어 연관된 글이나 사진들을 모아서 볼 수 있는 소셜 네트워크의 기능으로 해시태그라 함―옮긴이)이라고 부르는 것을 더 좋아한다. 나는 우리 교육구의 다른 학교 교장들과 직원들을 위해 트위터를 주제로 한 전문성 개발 연수를 진행하기 시작했다. 우리 학교 교사 몇 명도 항상 그 연수에 참여했고, 트위터로 연결되면서 자신들의 교실과 교직 생활에 얼마나 큰 변화가 일어나는지에 관한 최고의교육(#eduawesome) 복음을 전하는 것을 도왔다. 석 달도 지나지 않아 우리 교육구의 모든 학교가 트위터 활동을 시작했고, 서로에게서 배우고 아이디어를 공유하게 되었다. 그뿐만이 아니었다. 우리 지역 교육감은 물론 교육위원회 위원들, 많은 수의 학부모들까지 트위터를 시작했다. 거기에 더해 전국의 학교들과도 연결되었다.

교육감이 우리 학교에 방문했을 때의 일이다. 교실을 하나씩 둘러보면서 나는 매번 우리가 다음에 방문할 교실에서 어떤 수업이 있을지를 교육감에게 정확하게 설명했다. 교육감은 내가 모든 교사의 정확한 일정을 알고 있다는 사실에 놀라워했다. 그런데 실은 그게 아니었다. 나는 그저 교사들이 자신의 교실 상황을 실시간으로 쉴 새 없이 알려주는 트위터 글을 확인했고, 그 글들을 교육감의 학교 방문에서 안내 자료로 활용했던 것뿐이었다. 교육감도 트위터의 매력에 반했다.

나를 아는 사람이면 누구나 내가 언제나 변화의 흐름에 발맞춰 앞으로 나아가는 데 적극적인 사람이라는 것을 안다. 나는 한시도 가만히 있지 않는다! 그러니, 트위터만큼 훌륭한 도구인 박서(Voxer: 음성메시지 기반의 무전기 앱—옮긴이)가 나왔을 때 바로 쓰기 시작했다. 나는 동료들에게 응답을 받고 싶으면 박서 메시지를 보내라고 말한다. 학교에 있을 때 이메일은 이용하기 번거롭다. 게다가 음성 메시지는 함께 배울 수 있는 훨씬 더 강력한 방법이다. 사람의 목소리에서 어조를 들을 수 있고, 교내를 돌아다니는 동안에도 빨리 응답할 수 있으며, 박서를 이용하면 문자 메시지도 이메일보다 더 빨리 보낼 수 있다. 요즘에는 이 앱이 없는 생활은 상상할 수도 없다!

그러다가 다른 생각이 퍼뜩 떠올랐다. 왜 우리는 우리 교육구만 들여다보고 있는 것일까? 짠! 그 결과 우리는 이러한 도구들을 이용해 인근 교육구와의 연결을 추진했고, 그 파급력은 엄청났다! 우리는 멀리 떨어진 도시의 학교와 연결되었고, 우리 학생들은 구글 문서도구(Google Docs: 구글에서 제공하는 온라인 문서 작성 편집 서비스—옮긴이)를 이용해 펜팔을 하기 시작했다. 우리 학교 교사들은 다른 학교를 팔로잉하기 시작했고, 아이디어가 끊임없이 샘솟았다!

교육압력은 강력하다. 그것은 우리에게 필요한 것이고 우리가 원하는 것이다. 나는 누군가에게 박서나 트위터에 관해 이야기하고 나서 5분도 지나지 않아 아직 가입 안 했느냐고 묻는다. 그러면 그들은 "농담이시죠? 아직 안 했죠. 5분 전에 얘기하셨잖아요"라고 말하는 표정으로 나를 바라본다. 내 말을 믿어라. 이 도구들은 정말로 중요하다. 지금 당장 가입해야 한다. 그 도구들은 당신의 삶을 바꿀 것이다. 나는 나 자신의 교육열정(#edupassion)을 받아들였고, 소셜 미디어로 연결되도록 내가 도와준 다른 관리자들이나 교사들로부터 영감을 주는 이야기를 무척 많이 받았다. 이 도구들의 매력에 빠진 사람이 나 혼자가 아닌 것이다. 현실적인 이득이 있다. 일단 한번 해보면 계속하게 될 것이다.

당신의 안전지대를 넘어서라

별다른 노력을 하지 않는다면 교육은 섬에서 사는 것과 같이 될 수 있다. 그러나 현실에서 우리는 수많은 정보와 자원을 손쉽게 이용할 수 있는 연결된 세상에 살고 있다. 우리는 마치 바깥세상이 존재하는 않는 것처럼 행동할 수도 있고, 반대로 세계 곳곳 교육자들의 전문 지식을 이용하고 활용할 수도 있다.

우리는 학생들에게 온라인 도구를 이용해서 무언가를 하는 방법을 배우라고 가르친다. 그러면서 왜 우리는 그렇게 하지 못하는 것일까? 사실 우리도 그 도구들을 이용할 때가 있다. 가끔씩은 말이다. 예를 들어 예초기 줄을 갈아야 할 때는 유튜브에서 배운다. 특정한 인터넷 기사가 어디에 있는지 기억이 안 날 때는 구글에서 검색해본다. 그와 똑같은 유형의 도구들을 이용해 새로운 교수 기술을 배울 수도 있다는 것을 알아야 한다. 교실의 훈육 문제를 다루는 법이나 거꾸로 교실(Flipped Classroom: 온라인에서 강의를 보고 교실에서는 과제와 활동을 하는 역진행 수업—옮긴이) 활동을 하는 법을 모를 때, 남학생들에게 딱 맞는 책을 어디에서 찾아야 할지, 또는 인근에 어떤 에드캠프(EdCamp: 참가자 주도로 진행되는 교육자 전문성 개발 모임—옮긴이)가 진행되고 있는지 몰라서 헤매고 있을 때, 온라인에는 당신을 도와줄 수 있고, 또한 기꺼이 도와줄 사람들이 있다.

그렇다. 자신의 안전지대 밖으로 걸음을 내딛고, 다른 이들에게 도움을 구하거나 자기 아이디어를 말하는 것은 겁이 나는 일이다. 그러나 날마다 우리는 학생들에게 새로운 것을 시도하고 배우라고—용감해지라고—말한다. 교육자로서 어떻게 모범을 보이지 않을 수가 있겠는가?

마찬가지로, 이제는 더 이상 '모든 아이들이 이야기하고 있는' 무언가를 모르겠다고 말해서는 안 된다. 구글이나 유튜브에서 검색을 해보라. 그게 뭔지는 금방 알 수 있다. 우리는 더 이상 모른다고 항변할 수 없는—배울 의지가 없다는 것을 드러낼 뿐인—세상에 살고 있다.

우리는 더 이상 모른다고 항변할 수 없는—배울 의지가
없다는 것을 드러낼 뿐인—세상에 살고 있다.

우리가 '테키'(techie: 최신기술에 밝은 사람—옮긴이)가 되라고 말하고 있다고 생각할지도 모르지만 사실 우리는 아이들을 위해 시대의 흐름에 발맞춰야 한다는 이야기를 하고 있는 것이다. 오늘날의 학생들은 기술과 정보에 둘러싸여 있다. 그 아이들은 우리가 학생이었던 시절에 살았던 세상과는 다른 세상에서 자라고 있다. 우리는 첨단기술과 유튜브, 소셜 미디어가 오늘날 세계의 일부임을 이해해야 한다. 또한 우리 학생들이 그런 기술들을 잘 다룰 수 있도록 준비시키는 것이 우리가 해야 할 일이다.

너무 바빠서 다른 사람들과 연결될 수 없다는 대답을 하고 싶어 하는 사람에게는 이 말을 해야만 할 것 같다. 시간을 투자하기로 결심한 바로 그 일을 할 수 있는 시간은 누구에게나 있다고 우리는 굳게 믿는다. 연결될 시간이 없다고 말하는 사람은 사실은 자신의 삶에서 다른 것들이 더 중요하다는 말을 하는 것이다.

이제 핑계 대는 것은 그만하자. 우리의 동료 교사들은 우리가 연결됨으로써 생기는 혜택을 누릴 자격이 있다. 우리의 학생들은 그럴 자격이 있다. 우리의 지역사회는 그럴 자격이 있다. 우리는 그럴 자격이 있다. 연결됨으로써 우리는 더욱 강력한 교육자가 될 것이다. 정말이지 우리에게는 더 이상 선택의 여지가 없다. 아이들을 위해 가장 좋은 일을 하는 것에 진심으로 관심이 있다면 고립 상태에서 빠져나와 다른 이들과―교육계 안팎의 사람들과―연결되어야 한다. 우리의 아이들은 그렇게 할 만한 가치가 있다!

✖ 생각해보고 의견을 나눌 주제들 ✖

1 섬에 있는 것 같은 기분이 드나요? 박서나 트위터를 통해 다른 관리자들과 이야기를 나누는 것이 어떻게 그날 하루를 버티게 해줄 놀라운 생명줄이 될 수 있을까요?

2 어떻게 하면 더 많은 교육자들이 자신의 공간 바깥의 사람들과 연결되도록 격려할 수 있을까요?

3 맨 처음 온라인에서 누군가에게 다가갔을 때 가장 두려웠던 점은 무엇이었나요? 그 시도로 무엇을 얻었나요? 그 결과 두려움이 조금은 줄어들었나요?

4 자신이 어떻게 연결되게 되었는지 다른 사람에게 말해준다면 누구나
  그렇게 할 수 있다는 믿음을 주는 데 어떤 도움이 될까요?

#KidsDeserveIt

3장 혁신하라!
다르게 생각하라!

교육자들은 관습에 젖어 있는 분야에서 일하고 있다. 학교는 수십 년 동안 해온 관행들로 가득 차 있고, 우리는 왜 늘 해오던 방식대로 그렇게 많은 일들을 하고 있는 건지 많은 시간 동안 의아해한다(사람들이 '21세기' 역량Skill에 대해 이야기하는 것을 들으면 웃음이 난다. 우리가 20세기 역량은 이용했던가?).

물론 관습은 학교문화의 중요한 부분일 수 있다. 그러나 배움에 대해 생각한다면, 수십 년 된 전략을 사용해서는 만족스러운 결과를 얻을 수 없을 것이다. 우리가 모범을 보이지 않는다면 우리 아이들이 성장하고 배우고 경계를 넓혀가는 모습을 기대할 수 없다. 우리 자신이 공부하지 않고 스스로를 채찍질하지 않는데 어떻게 학생들에게 매일 학교에 나와 배우라고 요구할 수 있겠는가?

모든 교육기관에서는—관리자, 교사, 학생 할 것 없이 누구나—기술Technology과 협업 스킬을 매일 사용해야 한다. 우리가 모범이 되어 앞장서야 한다. 자기 학교의 교사나 학생들이 최신기술을 이용하기를 원한다면 노란색 메모용 노트에 메모하면서 교내를 순시하지 마라. 태블릿을 손에 쥐고 생활을 디지털화하라! 아이들이 사용하고 있는 그 도구의 가치를 안다는 것을 사람들에게 보여라.

관행을 혁신할 방법을 끊임없이 찾아야 한다. 자신의 안전지대 밖으로 나가서 모험을 해야 하고 용감해져야 한다. 한계에 도전하라. 실수를 하라. 우리는 우리 아이들을 위해 더 혁신적이고 더 강해져야 한다. 아이들은 우리를 기다려줄 시간이 없다. 교실에서 신기술을 사용하기가 두려워 꾸물댄다면 중요한 배움의 기회를 허비하고 있는 것이다.

창의력은 부단히 노력해서 개발해야 하는,
배우고 익혀야 하는 스킬이다

창의력은 우리가 연마해야 할 또 다른 역량이다. 창의적인 아이디어를 나누는 것이 위험을 감수할 가치가 있는 일이라는 것을 우리 학생들이 알기 바란다면 우리도 창의력을 길러야 한다. 많은 교육자들이 "나는 창의력이 없어요"라고 말한다. 마치 창의력이 가지고 있거나 아니면 없거나 둘 중 하나인 능력인 것처럼 여기는 것이다. 이것은 근거 없는 믿음일 뿐이다! 우리가 존경해 마지않는 예술가이자 비즈니스 전략가인 에릭 월Erik Wahl과 교육 강연자이자 저술가인 데이브

버제스Dave Burgess는 창의력에 대해 아주 많은 이야기를 한다. 그들은 창의력이 타고나는 것이 아니라고 강조한다. 창의력은 부단히 노력해서 개발해야 하는, 배우고 익혀야 하는 스킬이라는 것이다.

우리 둘 다 창의력이 샘솟는 놀라운 순간들을 체험한 적이 있지만, 그 순간들이 쉽게 온 것은 아니었다. 그런 순간들은 시행착오를 거치고 실수를 거듭한 끝에 찾아왔다. 또한 생각하도록 독려하고 우리의 성장을 도와주는 사람들과 많은 대화를 나눈 결과이기도 했다. 우리는 이런 사람들을 '생각 파트너'라고 부른다. 그들은 창의력을 기르는 데 대단히 중요한 역할을 하는 사람들이다. 우리는 문자 메시지와 박서, 트위터를 통해 쉴 새 없이 아이디어를 주고받는다. 학교에서는 생각 파트너가 필요한 것과 같은 이유로 학생들에게 읽기와 쓰기 파트너를 정해준다. 우리는 누구나 앞으로 나아갈 수 있게 힘을 주는 사람들이 필요하다.

현재 자신에게 생각 파트너가 없다면 찾아라! 어디에서 어떻게 찾을 수 있을까? 만약 그런 사람이 있다면 그 사람은 누구이며, 어떤 방법으로 혁신을 격려하는가? 생각 파트너와 대화하는 '장소'가 있는가? 방법은 정말로 수없이 많다! 트위터 대화에 참여하거나, 교육 관련 페이스북 그룹에 가입하거나, 블로그를 뒤지거나, 아니면 교사 휴게실이나 복도에서 새로운 누군가와 대화를 시작해보라.

"나는 창의력이 없어"라는 핑계로 새로운 일을 시도하는 것을 단념하지 마라. 모든 사람들은 창의력이 있다. 자기 안의 그 비범한 재능을 끄집어내야 한다. 당신은 그럴 가치가 있다. 당신의 동료들은 그럴 가치가 있다. 아이들은 그럴 가치가 있다.

새로운 일을 하라!(도움을 청하라!)

나(토드)는 2014년에 나바소타 인터미디어트스쿨(Intermediate School: 초등학교 4~6학년 과정의 학교―옮긴이)의 교장이자 학습 선도자(Lead Learner: 배우기 위한 모든 조건을 만들고 학습모델을 만드는 역할―옮긴이)로 가게 되었다. 학교를 옮기기 전에 트위터 메시지를 하나 받았는데, 프로젝트기반학습Project Based Learning, PBL 교실에서 가르치는 것을 좋아하는지를 묻는 내용이었고, PBL은 그 당시 내가 하고 있었다. 이어 PBL을 시행하는 학교에서 가르칠 생각이 있냐는 질문을 받았고, 결국 PBL 학교를 맡지 않겠냐는 제안을 받았다. 흥미가 동했지만 아직은 교실을 떠날 준비가 안 되었다고 생각했다.

　나바소타 독립교육구와 많은 대화를 나누고 몇 차례의 면담을 한 후 나는 채용되었고, 학교를 재구성하는 어려운 과제를 맡게 되었다. 텍사스 주에서는 3년 연속 시험 성적이 나쁜 학교가 있으면 주에서 개입해 문제 해결 방법을 지도한다. 나바소타 인터미디어트스쿨을 위해 내려진 결정은 직원을 새로 뽑아 처음부터 다시 시작하라는 것이었다. 직원이었던 사람들 모두에게는 원한다면 다시 지원할 수 있는 기회가 주어졌다. 기본적으로 나는 직원이 한 명도 없는 학교를 넘겨받은 것이었고, 학교에서 일할 38명의 직원들을 고작 몇 달 안에 채용해야 했다.

나는 150명이 넘는 지원자들을 면접했다. 대면 면접이나 전화 면접도 하고, 스카이프(무료 인터넷 전화 서비스—옮긴이)와 구글 행아웃(영상 채팅이 가능한 구글의 소셜 네트워크 서비스—옮긴이)을 통한 온라인 면접도 진행했다(기술을 이용하면 생활이 좀 더 편리해지는 게 보이는가?). 설레는 시간이었지만 약간 무섭기도 했다. 나는 완벽한 팀을 꾸리고 싶었다. 여름이 시작되었을 무렵, 새 교직원들이 몇 달 뒤 학교에 출근하기 전부터 화합하게 할 방법, 서로 더 가까워지고 연결되게 할 방법을 찾아야 한다는 것을 깨달았다. 그래서 여름 학습 시리즈(#SummerLS)를 시작했고, 매주 새 교직원들에게 실무 역량 향상을 위해 완수할 과제를 주었다.

첫 번째 과제는 트위터 계정을 만드는 것이었다. 나는 계정 만드는 방법을 녹화한 영상을 만들어 내 유튜브 채널에 올렸고, 과제에 대한 설명과 함께 영상 링크를 새 교직원들에게 보냈다. 그런데 내 유튜브 채널 구독자 중에 우리 학교 직원이 아닌 사람들도 있다는 사실을 잊고 있었다. 그 후 며칠 동안 그 영상을 본 교육자들로부터 영상이 정말 마음에 들었다는 이메일을 몇 통 받았다. 자신들도 우리 직원들과 함께 참여해도 되겠냐고 묻는 이들도 여러 명 있었다. 안 될 이유가 있겠는가? 그래서 나는 누구나 참여할 수 있는 공개된 블로그 공간을 만들었다.

그때에 나는 우리 직원들이 서로 연결되고 서로에게서 배우는 것을 장려하려면 나의 전문성 개발 학습 네트워크Professional Learning Network, PLN──온라인과 모임을 통해 나와 연결된 사람들──에 연락해서 주별 과제와 관련해 도움을 요청해야 한다는 결론을 내렸다. 그 다음 몇 달 동안 나의 PLN과 함께 교육자들이 완수할 과제를 하나씩 만들었다.

앤절러 메이어스Angela Maiers, 에린 클라인Erin Klein, 에릭 셰닝어 Eric Sheninger, 앰버 티먼Amber Teamann, 톰 머레이Tom Murray, 스테이시 허핀Stacey Huffine, 크리스 케슬러Chris Kesler, 데이브 버제스Dave Burgess 등 많은 분들 덕분에 여름 학습 시리즈는 큰 성공을 거두었다. 그 여름이 끝나갈 쯤에는 8개국에 있는 3천 명이 넘는 교육자들이 참여하게 되었다. 그 해 말에 우리는 에듀블로그 어워드EduBlog Award 에서 최고의 공개 전문성 개발상을 수상했다.

여름 학습 시리즈를 구성한 것은 내게 새로운 경험이었다. 해낼 수 있을 거라고 전혀 생각하지 못한 일이었다. 그러나 새로운 일을 시도하는 모험을 감행하고 몇몇 친구들에게 도움을 요청한 덕분에 우리 직원들은 그 경험을 통해 성장했고, 나 역시도 성장했다!

몇 달 뒤 나는 그 과제들을 더 발전시켜서 교육자 학습 시리즈 (#EduLS)도 시작했다. 여름 학습 시리즈와 교육자 학습 시리즈 둘 다 지금은 진행되고 있지 않지만, summerls2014.blogspot.com과 educatorlearningseries.blogspot.com에서 각 시리즈에서 진행한 모든 과제들을 볼 수 있다. 우연히 그 블로그를 찾아왔고 학습 경험을 얻었다고 말하는 교육자들이 아직도 있다! 우리 학교 직원들을 연결시키기 위한 내 아이디어가 세계 여러 곳의 수천 명의 사람들에게 영향을 미칠 거라고 누가 상상이나 했겠는가?

다른 관점을 가져라

작년 초에 우리 학교 트위터 계정의 팔로워는 700명이 넘었고, 나(애덤)는 지난 3년 동안 트위터에 13,000개가 넘는 글을 썼다. 모든 교사들은 자신의 교실 이야기를 트위터로 활발하게 전하고 있고, 학부모들도 끊임없이 트위터에 답글을 달았다. 정말로 놀라웠다! 그런데 뭔가가 빠져 있었다. 5학년 교실에 앉아 있는데 퍼뜩 생각이 떠올랐다. 우리 학생들의 목소리를 공유해야 했다. 학생들을 침묵하게 하지 말고, 대화의 일부가 되게 해야 했다. 학생들은 우리 학교를 어떻게 보고 있을까? 학생들도 트위터를 하게 해야 한다!

즉시 내 생각을 5학년 학부모 두 명에게 문자로 보냈다. "학교에서 학생들에게 트위터를 시작하게 하고 싶은데 여러분의 자녀가 딱 맞을 것 같습니다. 찬성하시나요?"

3분도 지나지 않아 답장이 왔다. "정말 좋은 생각이에요!" "해봐요!"

나는 두 아이에게 아이패드를 주고는 교내를 돌면서 사진을 찍어오라고 보냈다. 그런 다음 우리는 트위터 메시지를 공들여 만들었고, 우리 공동체에서 나누기 적합한 메시지, 개인의 사생활, 해시태그 등등에 관한 이야기를 나누었다. 그 학생들의 모든 트위터는 #KidTweet라는 해시태그를 달고 우리 학교 계정을 통해 나갔다. 며칠 동안 나의 지도를 받은 뒤 학생들은 온종일 자유롭게 함께 사진을 찍고 트위터 글을 쓸 수 있게 되었다. 참으로 멋진 협업이었다!

아이들에게 학습지를 나눠주고 읽게 할 수도 있고, 영상을 보여줄 수도 있고, 강의를 들려줄 수도 있다. 그러나 소셜 미디어를 통해 직접 체험하게 하는 접근법은 훨씬 더 효과적이다. 트위터는 세상과 소통하는 것이 어떤 느낌인지를 알게 해준다. 그 아이들은 우리 학교 공동체와 소통하는 법을 배우고 있었고, 매 순간을 즐겼다! 자신들이 찍은 사진을 우리 학교 플리커(Flickr: 사진 공유 사이트—옮긴이) 계정에 올려서 그 해에 대한 거대한 기록 보관소를 만들기까지 했다.

첫 트위터 글이 올라간 지 몇 시간도 되지 않아 나를 찾아와 "교장 선생님, 저도 인턴이 되고 싶어요!"라고 말하는 아이들이 나타났다. 다른 많은 아이들도 내게 와서 자기들도 참여해서 목소리를 내게 해달라고 간청했다. 순식간에 우리 학교의 소셜 미디어 인턴 프로그램이 탄생했다! 첫 두 아이들이 다음 인턴들을 교육했고, 그 후에는 인턴들이 그 다음에 들어오는 신입 인턴들을 교육했다. 학생들의 놀라운 팀워크 덕분에 우리 공동체는 학교생활을 새롭게—아이들의 관점으로—바라볼 수 있게 되었다. 나는 전화기에 학생들의 트위터 글이 올라오는 걸 보는 게 너무 좋았다. 학생들은 이 프로그램을 무척 좋아했고, 어른들도 마찬가지였다!

인턴 프로그램을 시작하고 몇 주가 지난 뒤, 우리 프로그램에 대한 이야기를 들은 지역 로터리클럽에서 아이들과 나에게 소셜 미디어에 대한 발표를 해달라고 요청했다. 물론 나도 그 모임에 참석했지만 발표는 학생들이 다 했다. 가장 중요한 이야기는 학생들의 이야기였던 것이다!

혁신의 위험과 보상

온라인으로 연결되고 소셜 미디어를 효율적으로 사용하는 법을 배우는 것은 우리나 우리 학생들 모두에게 꼭 필요한 일이다. 유튜브나 트위터 같은 디지털 도구들은 새로운 정보, 창의적인 아이디어, 온갖 종류의 놀라운 기회들로 통하는 문을 열어줄 수 있다. 그러나 소셜 미디어는 실수할 위험도 내포한다(화가 난 상태에서 트위터를 하는 것이 그 예다. 절대 하지 마라!). 소셜 미디어는 사라지지 않을 것이다. 오히려 우리의 일상생활에서 더 많은 부분을 차지하게 될 것이다. 그렇기 때문에 우리는 우리 아이들의 소셜 미디어 사용을 지도해야 하고, 따라야 할 모범적인 길을 아이들에게 보여주어야 한다. 트위터는 대세로 자리잡은 소통 도구이다(NBA 선수들, 국제 연합 회원국들, 달라이 라마, 심지어 교황까지도 사용한다!). 학생들에게 더 중요한 사실은, 대학과 기업이 지원자의 트위터와 페이스북 프로필을 확인한다는 것이다. 이 도구들을 사용하는 법을, 그것도 현명하게 사용하는 법을 아이들에게 가르쳐야 한다.

지금까지 나눈 아이디어는 교육자들이 시도하고 있는 혁신적인 학습 경험의 극히 일부에 지나지 않는다. 예를 들어 라이언 매클레인 Ryan Mclane은 자신의 학교 전교생을 대상으로 '해적처럼 가르쳐라' 날을 운영하고 있다. 이 날 교사들은 각자 자신이 열정을 가진 주제에 관한 대화식 수업을 하고, 학생들은 각자 듣고 싶은 수업을 골라 듣는다. 브래드 거스탑슨Brad Gustafson은 드론과 증강현실, 그린 스크린 (영상 제작을 위한 초록색 배경—옮긴이), 점심 DJ 등을 이용해 학생들을 위한 학습 환경을 강화한다.

> 도구들을 사용하는 법을, 그것도 현명하게
> 사용하는 법을 아이들에게 가르쳐야 한다.

그러나 주의할 점이 있다. 남다른 생각에는 어느 정도의 위험이 따른다. 우리는 우리의 아이디어를 공유할 수도 있고, 창의력을 발휘하도록 당신을 자극할 수도 있다. 그러나 현실을 포장하고 싶지는 않다. 혁신적이고 남다른 시도를 하고자 한다면 얼마간의 실패를 경험할 것이다. 또한 때로 그 경험은 견디기 힘들 만큼 고통스러울 것이다.

우리 둘 다 자신의 가장 멋진 수업 아이디어라고 생각했던 것이 눈앞에서 잿더미가 되어 버리는 것을 지켜본 경험이 있다. 그럴 때 우리는 그 눈길을 마주해야 했다. 그러니까 '잘 안 될 거라는 걸 나는 진작 알았지'라는 표정으로 빤히 쳐다보는 그런 눈길 말이다. 솔직히 말하면 우리는 그 '외계인' 눈길을 명예 훈장으로 여긴다. 우리가 한계에 도전하고 앞으로 나아가고 있을 때에만 받는 것이기 때문이다.

또는 혁신을 시도하고 싶어 해도, 그때마다 매번 할 수 없을 거라고 말하는 누군가가 있을지도 모른다. 아니면 허락을 받지 못할 수도 있다. 학생들이 감당하지 못할 수도 있다. 자원이 충분하지 않을 수도 있다. 어떤 날에는 실패와 따가운 시선, 부정적인 말들을 이기고 다시 일어서기가 힘들다. 쥐구멍에라도 들어가고 싶고 두 번 다시는 혁신 같은 건 안 하겠다고 결심하는 때도 있다. 우리도 안다. 우리도 겪어 봤다. 그러나 비관적 반대자들의 말에 더 이상 귀를 기울여서는 안 된다. 그들이 우리의 창의성과 혁신을 통제하고 제한하게 내버려둬서는 안 된다! 특히 "늘 이런 식으로 해왔어"라는 말이 따라오는 "안 돼"라는 말을 받아들이지 마라. "안 돼"라는 말은 아이들에게든, 교사들에게든, 학부모들에게든, 우리의 동료들에게든 누구에게도 온당하지 않다. 그들에게는 우리의 참신하고 창의적인 아이디어가 필요하다.

익숙한 길을 택해서는 큰 변화를 일으키거나
다른 이들의 삶에 중대한 영향을 미칠 수 없다.

다행스러운 사실은 "위험이 크면 보상도 크다"는 옛말이 틀리지 않다는 것이다. 우리가 위험을 무릅쓰고, 휘청거리고 넘어지고 때로

다치는 것도 개의치 않는다면 결국에는 우리 학생들에게 그들이 꿈꾸던 것보다 더 좋은 교육을 제공하게 될 것이다.

한계에 도전했던 이들—간디, 테레사 수녀, 아인슈타인, 에디슨—에 관한 이야기를 읽어보면 그들이 늘 다른 사람들의 지지와 신뢰를 받은 것은 아니었다. 때로는 반발하고 의심하는 사람들, 비관론자들을 마주해야 했다. 감사하게도 그들은 그 비관적 반대자들을 무시하는 쪽을 택했고 역사에 중대한 발자취를 남겼다.

우리 앞에도 매일 똑같은 선택이 놓여 있다. 우리는 늘 해왔던 방식—안전하고 쉬운 방식—을 선택할 수도 있다. 아니면 간단하지 않고 더 어려울 수도 있지만, 분명 보상이 더 큰 방식을 선택할 수도 있다. 어떤 선택을 할지 고민하고 있다면 이 사실을 생각하라. 익숙한 길을 택해서는 큰 변화를 일으키거나 다른 이들의 삶에 중대한 영향을 미칠 수 없다. 기억에 남고 싶다면 다른 길을 선택하라. 그 선택이 아이들에게 미치는 영향으로 인해 오래 기억될 것이다. 아이들이 자신의 무한한 잠재력을 보고 언젠가 자신의 한계에 도전할 수 있도록 힘을 불어넣어주기 위해 꼭 필요한 모험을 감행하라. 혁신이 늘 완벽하게 마무리되는 것은 아니다. 늘 계획한 대로 일이 풀리는 것도 아니다. 그러나 우리는 실패를 통해 가장 많이 배운다. 새로운 아이디어를 시도하고, 스스로를 안전지대 밖으로 밀어내고, 실수를 통해 배운다면 우리는 성장할 것이다. 또한 우리가 성장하면 우리의 기량도 향상될 것이고, 결국 우리 학생들도 발전할 것이다! 우리는 부단히 자신을 스스로 밀어붙이고, 성장하고, 혁신해야 하며, 다른 방법을 모색해야 한다. 아이들은 그럴 가치가 있다.

✖ 생각해보고 의견을 나눌 주제들 ✖

1 혁신을 방해하는 가장 큰 두려움은 무엇인가요?
2 가장 최근에 당신의 안전지대 밖으로 나가서 새로운 것을 시도한 때는 언제였나요? 결과가 어땠나요?
3 학생들이나 동료, 또는 리더들이 혁신하고 다른 방식을 시도하도록 어떻게 격려하고 있나요?
4 학생들이 목소리를 낼 수 있도록 어떻게 격려하고 있나요?

#KidsDeserveIt

4장
절대 문을 쾅 닫지 마라

교육자라면 누구에게나 그런 학생이 있었을 것이다. 화나게 하는 행동만 골라서 하는 학생, 사랑받기를 스스로 거부하는 것 같은 학생 말이다. 그러나 얼마가 됐든 교직에 있어본 사람들은 안다. 그 학생에게 다가가 마침내 마음을 움직인다면 그 아이의 삶이 — 또한 교사 자신의 삶도 — 달라진다는 것을.

우리는 교사였을 때 이런 학생 몇몇을 다뤘고, 관리자인 지금은 훨씬 더 많은 학생들을 본다. 깊은 상처를 안고 있는 수많은 아이들을 날마다 접한다. 아이들이 그렇게 행동하는 것은, 학교 수업을 따라가기 힘들거나 관심을 받고 싶기 때문일 수도 있고, 성장 환경 때문에 다르게 행동하는 법을 모르기 때문일 수도 있다.

당신은 이 학생들에게 무엇을 하는가? 그 아이들에게 다가가기 위해 또는 그 아이들을 다루기 위해 어떻게 하는가? 쉬는 시간 뺏기? 운동장 돌게 하기? 방과 후에 남기기? 아니다. 아이들은 깊이 있는 수

준에서—무조건적으로—자신이 관심과 애정을 받고 있다는 것을 알 자격이 있다. 아이들은 우리가 자신을 단순히 성적기록부 속 이름이나 교실의 자리를 채우고 있는 학생 중 한 명이 아니라 그 이상의 존재로 본다는 것을 알 필요가 있다. 자신과 관계를 쌓기 위해 우리가 기꺼이 시간과 노력을 쏟으려 한다는 것을 알 필요가 있다. 우리는 결코 알지 못한다. 그 아이들이 언제 모퉁이를 돌지, 언제 우리를 믿어주기 시작할지, 언제 벽을 낮추고 자신만의 세상에서 정말로 어떤 일이 벌어지고 있는지 우리가 보게 해줄지. 또한 아이들이 그렇게 할 때 우리는 참으로 큰 결실을 거두게 될 것이다!

훈육에 임할 때 우리는 차분하게 앉아서 학생과 대화를 나누는 것부터 시작한다. 많은 경우 어른들은 벌을 주거나 호통을 치는 방법에 의존하려고 하지만, 아이가 나쁜 행동을 할 때는 그 행동의 이유가 고통이나 상처일 때가 많다. 대부분의 경우 그 아이들은 그저 누군가가 자신의 말에 귀 기울여주기를 바란다. 자신의 이야기를 들어주고 자신을 응원해주는 누군가가 있다는 느낌이 필요한 것이다. 그러나 화가 난 어른들은 너무나 자주—비유적으로 그리고 불행히도 때로는 실제로—아이의 면전에 대고 문을 쾅 닫아버리고, 그 결과 아무도 자신에게 관심을 가져주지 않는다는 아이의 믿음은 더욱 굳어진다. 아이에게 필요한 응원을 해주는 것이 아니라 오히려 더 큰 고통을 안겨주는 것이다.

그렇다면 응원을 해주는 것은 어떤 모습일까? 때로는 책상 밑에 숨어 있는 학생과 함께 바닥에 앉아 있는 것일 수도 있고, 복도를 같이 걸으며 마음을 가라앉힐 시간을 주는 것일 수도 있다. 밖으로 나가서 함께 농구를 하는 것일 수도 있고, 그저 사무실에서 마주 앉아 이야기를 나누는 것일 수도 있다.

이야기를 나눌 때 우리는 먼저 학생들의 말을 들어준다. 아이들이 말을 할 수 있게 해준다. 아이들이 느끼고 있는 감정을 이해하려고 노력한다. 왜 그런 행동을 했을까? 왜 속이 상했을까? 이때 아이들이 하는 말은, 부적절한 행동이 다시 반복되지 않도록 아이와 함께 계획을 세우는 데 도움이 된다.

아이의 말을 들어주는 것은 아이가 자신의 목소리를 되찾게 해주는 것이다. 그렇게 하면 문제의 뿌리에 훨씬 더 깊이 들어갈 수 있다. 또한 벌을 줘서 원인이 아닌 증상만 없애려고 하는 것이 아니라 해결책을 생각해내고 함께 목표를 정할 수도 있다.

아이의 말을 들어주는 것은
아이가 자신의 목소리를 되찾게 해주는 것이다.

아이들에게 관심이 있다는 것을 알게 하라

3년 전에 나(애덤)의 시간을 많이 빼앗은 학생이 있었다. 대개 그 아이가 내 방에 오는 이유는 아주 심각한 것은 아니었고, 반항적인 행동 문제였다. 거의 매일 나는 그 아이와—쉬는 시간에 내 사무실에서—대화를 했고, 아이의 엄마와도 통화를 했다.

훈육에 대한 나의 접근법은 아이들과 끝없이 대화를 나누는 것이다. 어떤 잘못된 행동을 했는가? 왜 그런 행동을 했는가? 그 행동을 다시는 하지 않게 할 다음 단계는 무엇인가? 그런 다음 나는 자주—때로 하루에 세 번에서 다섯 번까지도—그 아이들이 어떻게 지내고 있는지 확인한다.

그 학생의 부모님과 몇 차례 면담을 한 후에 나는 가정방문을 하기로 결심했다. 가정방문은 교사가 된 이후 계속 해오던 일이었다. 학부모들에게는 사전에 연락해 약속을 정하지만 아이들에게 나의 방문은 언제나 뜻밖의 일이다. 가정방문에서 내가 가장 먼저 보고 싶어 하는 장소는 아이들의 방이다. 침대 정리가 안 되어 있으면 아이와 함께 침대 정리를 한다. 방이 지저분하면 우리는 방 청소를 한다!

내가 그 학생의 집에 도착했을 때 늘 그렇듯이, 아이는 놀라서 휘둥그레진 눈으로 나를 맞았다. 내게 뒤뜰의 닭들과 나무 요새를 보여준 다음 이렇게 물었다.

"선생님, 여긴 왜 오신 거예요?"

"너한테 관심이 있어서지!" 내가 말했다. "그리고 네가 학교에서 올바른 결정을 내릴 수 있도록 도와주고 싶어. 선생님은 네가 더 잘할 수 있다는 걸 알아."

아이는 내 말을 이해했다. 바로 다음 날부터 변화가 보이기 시작했다. 아이의 부모님은 내가 집에 찾아와서 식구들과 시간을 보내줘서 고맙다고, 어떤 교사나 관리자도 그런 적이 없었다고 말했다.

이 일은 2년 전에 있었던 일이다. 그 학생은 이제 5학년이고, 아이의 에너지, 행동, 학업 결과, 전반적인 태도는 크게 개선되었다. 지난 2년이 완벽했던 것은 아니다. 약간의 문제를 겪기도 했다. 그렇지만 그 시간을 지나면서 우리는 큰 발전을 이뤘다.

지난 학년 마지막 주에 나는 그 학생을 내 방으로 불렀다. 자리에 앉자마자 아이는 이렇게 말했다.

"저 아무 짓도 안 했어요. 선생님."

그 말을 듣고 내가 말했다. "아니, 넌 했어. 너는 성숙해졌어! 의사결정능력도 좋아졌어! 수업 시간에도 최선을 다하고 있고, 친구도 많이 사귀었어. 즐겁게 생활하고 있고, 더 많이 웃고 있어. 너는 협동을 잘 하는 학생이야. 선생님은 네가 무척 자랑스러워."

우리는 둘 다 조금 울었다. 그런 다음 아이는 나를 꼭 껴안았다. 내가 아이의 어머니에게 전화해서 어떤 일이 있었는지 말해주자, 어머니도 울기 시작했다.

아이들은 당신이 필요하다

모든 아이를 언젠가는 꽃이 필 씨앗으로 보아야 한다. 우리는 씨앗을 심거나, 물을 주거나, 또는 자라는 것을 실제로 지켜보는 교사일 것이다. 초등 교육자인 우리는 대개 먼 훗날이 되어서야 노력의 결실을 보게 된다. 즉각적인 소득이 없다고 해서 학생들에 대한 시간 투자를 그만두어서는 안된다. 씨앗들이 뿌리를 내리고 잘 자라서 각자의 잠재력을 활짝 꽃피울 수 있도록 우리가 최적의 조건을 만들어주고 있다는 사실을 반드시 기억하는 것이 중요하다.

학생들은 당신을 좌절시킬 것이고 엄청난 시간을 빼앗아 갈 것이다. 그러나 그렇게 하는 데는 이유가 있다. 그 아이들에게는 당신이 필요하다. 당신이 자신을 믿어주기를, 인정해주기를, 돌보아주기를 기대한다. 또한 아이들에게 관심이 있다는 것을 보여줄 기회는 언제든 있다. 사실 때로는 학생들을 만나기도 전에 시간과 노력을 들여 그들이 우리에게 얼마나 소중한 존재인지 보여줄 수도 있다.

당신의 믿음이 큰 변화를 가져올 수 있다

몇 해 전 나(토드)는 앤절러 메이어스가 올린 에이린 크레스Arin Kress에 관한 이야기를 읽었다. 5학년 학생들에게 과학과 사회를 가르치는 에이린은 자신이 곧 가르치게 될 학생 모두에게 편지를 써서 보냈다. 편지에는 이미 학생들을 무척 사랑하고 믿고 있다는 내용이 들어 있었다. 모든 학생들이 산뜻한 새 출발을 하게 될 것이고, 함께 힘을 합쳐서 각자 저마다의 성공을 찾게 될 거라는 내용도 있었다.

나는 에이린의 이야기에 무척 감명을 받았고, 내 학생들에게도 똑같이 편지를 쓰기로 결심했다. 새 학기가 시작되기 전, 내가 가르치게 될 5학년 학생 75명 모두에게 편지를 썼다. 아직 만나진 못했지만 내가 아이들에게 얼마나 관심이 많은지 보여주었고, 함께 힘을 합쳐서 저마다의 성공을 찾게 될 거라는 내용도 썼다.

'교사와의 만남'의 날이 있기 전에 편지를 보냈다. 편지를 받았다는 말을 한 학부모는 몇 명 있었지만, 편지에 대해 말하는 학생은 아무도 없었다.

학년 말에 한 학부모님이 자기 아들이 내게 하고 싶어 하는 말이 있다면서 아들이 쓴 편지를 가지고 왔다. 그분의 아들은 우리 반에서 힘들게 공부한 특수교육대상 학생이었다.

편지를 함께 읽으면서 학생의 어머니도 나도 울었다. 그 어머니는 자신이 기억하는 한 자기 아들은 '특수교육대상 학생'으로 분류되어 왔고, 언제나 선생님들은 다른 학생들과 다르게 아들을 대했다고 말했다. 그런데 그 여름, 우리 반에 들어오기 전 나를 만나기도 전에 내 편지를 받은 것이었다.

자기를 만나기도 전에 믿는다고 말해준 사람은 이전에 없었다고 아이는 말했다. 특수교육으로 받게 되는 도움 없이도 성공할 수 있을 거라고 말해준 교사도 이전에 없었다. 그 아이는 5학년이 되기 전에는 주에서 실시하는 표준시험을 통과한 적이 없었다. 사실 자신에게는 어떤 성공도 없을 거라고 여겼다. 하지만 올해에는 주의 모든 표준시험을 통과했다. 아이는 그렇게 향상된 유일한 이유가 자기를 만나기도 전에 누군가가 자신을 믿어준 때문이라고 믿었다.

얼마나 강력한가? 이 이야기를 하면 나는 여전히 울컥한다. 아이들은 자신이 당신에게 중요한 존재라는 것을 알고 싶어 한다. 당신이—아무런 조건 없이—자신을 바라봐주고, 자신의 말을 들어주고, 자신을 믿어주기를 바란다.

그 작은 아이는 내게 잊지 못할 감동을 주었고, 때로 우리의 아주 작은 행동이 아이들의 삶에 대단히 큰 변화를 가져올 수 있다는 사실을—수개월 혹은 수년이 지나는 동안에도 그 결과를 보지 못할 수도 있지만—다시금 일깨워주었다.

아이들은 자신이
당신에게 중요한 존재라는 것을 알고 싶어 한다.

당신은 영향을 미치고 있다

학생들이 교사가 자신에게 진심으로 관심을 쏟고 있다는 것을 알 때 일어나는 변화를 지켜보는 것은 가슴 벅찬 일이다. 이 순간 우리는 애초에 교사가 된 이유를 떠올리게 된다. 높았던 벽이 허물어지고 아이의 눈에서 새로운 빛이 보일 때 당신이 변화를 만들고 있다는 것을 알게 될 것이다.

부디 아이의 면전에 대고 문을 쾅 닫는 일은 절대 없길 바란다. 아무리 힘들어도, 아이의 마음을 열 방법을 찾아 수없이 고민한다 해도, 절대로 학생을 포기하지 마라. 학생들은 우리가 믿어 줄 가치가 있는 존재라는 걸 잊어서는 안 된다. 어쩌면 우리가 그 아이들의 마음을 움직일 수 있는 유일한 사람—그런 시도라도 하는 유일한 사람—일지도 모른다. 사실, 당신이 한 아이의 인생에 어떤 변화를 만들고 있는지 알지 못할지도 모른다. 그러나 이것만은 믿어라. 당신은 영향을 미치고 있다.

당신은 무엇을 할 수 있는가? 두 팔을 벌리고 문을 활짝 열어라. 아이들이 그 안으로 들어오게 하라. 아이들의 이야기를 들어주고, 공감해주고, 관계를 쌓아라. 그리고 어떤 일이 있어도 절대로 문을 쾅 닫아서는 안 된다. 아이들은 자격이 있다.

✖ 생각해보고 의견을 나눌 주제들 ✖

1 이런 학생들 중 가장 기억에 남는 학생은 누구인가요? 올해는 누가 당신에게 그런 학생인가요?
2 당신이 아이들과 더 깊은 관계를 쌓고 연결되는 방법은 무엇인가요?
3 가장 사랑하기 어려운 아이들이 당신의 삶에 어떤 영향을 주었나요?

#KidsDeserveIt

5장 전화를 걸어라

간단한 전화 한 통화에 힘이 있다. 우리는 전화 통화가 학생들에게 미칠 수 있는 긍정적인 영향을 목격해왔고, 그 힘을 직접 체험하기도 했다. 론 클라크(그렇다. 디즈니가 선정한 '올해의 교사상' 수상자, 론 클라크 아카데미의 설립자인 바로 그 론 클라크다)가 우리에게—우리 둘 다에게—같은 날 전화를 했다.

모든 일은 장난으로 시작되었다

어느 날 아침 토드와 나(애덤)는 교장으로서 겪고 있던 여러 어려움에 대해 박서로 대화를 하고 있었다. 솔직히 말하면 토드는 이런저런 문제에 과민반응을 보이고 있었다. 평소에도 종종 그런다. 나는 토드의 학교에 전화를 해서 장난을 좀 쳐보기로 마음먹었다. 직원이 전화를 받았을 때, 나를 론 클라크라고 소개하고는 네슬로니 교장 선생님과 통화하고 싶다고 말했다. 론 클라크가 테네시 주에 있는 어떤 학교를 기습 방문하는 모습을 페리스코프(스마트폰으로 동영상을 생중계하는 서비스—옮긴이)에서 본 직후였다. 그래서 론 클라크인 척하고 토드에게 전화해서 어떤 일이 일어나는지 지켜보기로 한 것이다.

그냥 장난이야. 아닐 수도 있고!

애덤은 내(토드)가 론 클라크를 얼마나 존경하는지 안다. 또한 내가 최근에 론 클라크 아카데미의 공동 설립자인 킴 비어든과 저녁 식사를 함께 했다는 것도 알고 있다. 그날 오후 연수를 마치고 교장실로 돌아온 직후 전화벨이 울렸다. 나는 수화기를 들었고, 직원이 "론 클라크 씨입니다"라고 말하는 것을 들었다.

　나는 믿어지지가 않아서 잠시 멍하니 있다가 겨우 정신을 가다듬었다. 론 클라크? 정말로?

　직원이 전화 연결을 원하느냐고 물었다. 물론이지! 정신을 차려 보니 '론 클라크'가 나에게 말을 하고 있었다. 내가 학교에 있는지 물었고, 이제 곧 자신의 빨간색 대형 버스를 세우고 우리 직원들을 놀래 줄 참이라고 하는 것이 아닌가! 나는 놀라서 쓰러지기 일보 직전이었는데, 그 다음 말이 들렸다. "장난이야. 나야 애덤" 그렇다. 애덤한테 당한 거다. 그것도 아주 된통 당했다!

　그래서 내가 어떻게 했을까? 당연히 그 일을 트위터에 올렸고, 론 클라크를 해시태그로 달았다. 그러자 곧바로 론 클라크가 '마음에 들어요'를 눌렀고, 답글까지 달았다. 아이러니하고 재미있게도, 론 클라크가 내게 한 첫 번째 말은 우리 학교에 세 번이나 다른 시간에 전화를 했지만 아무도 받지 않았다는 것이었다. 나는 물론 그가 농담을 하고 있다고 확신했다. 농담이 아님을 보여주는 두 번째 트윗을 그가 보내기 전까지는 말이다.

그리고 정신을 차려보니 전화가 다시 울렸고, 이번에 전화를 건 사람은 론 클라크─진짜 론 클라크─였다. 나의 교육 영웅─내가 고등학교 2학년 때부터 존경해온 분─이 마치 오래된 친구와 통화하듯 나와 전화로 이야기를 나누고 있었다. 15분 가량 담소를 나눈 후 그는 애덤의 휴대전화 번호를 물었다. 그에게 전화를 해서 자기 친구인 토드 네슬로니에게 장난치지 말라고 하겠다는 것이었다. 굉장한 일이었다.

단순하고 놀라운 전화 한 통

토드에게 장난전화를 걸고 난 뒤에 다시 일을 하고 있었다. 에버노트(메모 작성, 정보 정리 및 보관 서비스─옮긴이)에 몇 가지 아이디어를 적으면서 론 클라크와 토드가 주고받는 흥미진진한 트위터 글을 읽고 있었다. 그때 내 휴대전화가 울렸다. 조지아 주─론 클라크 아카데미가 있는 곳─에서 걸려온 전화였다.

말도 안 돼. 론 클라크가 지금 나와 통화를 하고 있다니! 우리는 15분 동안 교육과 아이들에 대해, 또한 우리가 우리 일을 얼마나 사랑하는지에 대해 이야기를 나누었다. 그저 단순한 전화 통화였고, 또한 놀라운 통화였다. 작별인사를 할 때쯤엔 영감과 에너지가 나를 가득 채우고 있었다. 고마워요, 론 클라크!

우리가 이 이야기를 들려준 이유는 무엇일까? 단순한 전화 한 통에 힘이 있기 때문이다. 그저 전화기를 드는 것만으로 하루를 환히 밝히고 희망으로 마음을 가득 채울 능력이 우리에게 있다. 전화 한 통의 힘은 실질적이고 깊이가 있으며 중요하다. 목소리는 이메일이 할 수 없는 방식으로 사람들을 연결시키기 때문이다.

참 잘 했어요

올해 나(토드)는 '참 잘 했어요' 카드를 시작했다. 우리 학교는 서로 배경이 다른 아이들이 다니고 있고, 훈육과 관련된 문제가 매우 빠르게 발생할 수 있다. 개학하고 한 달밖에 지나지 않았지만 다뤄야 할 훈육 문제가 너무 많아서 벌써부터 녹초가 된 기분이었다. 교직원들 간에 솔직한 대화를 나누고 난 뒤, 우리가 올바르지 않은 선택을 하는 학생들에게 모든 관심을 집중하는 반면 올바른 선택을 하는 학생들에게는 충분한 관심을 쏟고 있지 않다는 것을 깨달았다.

'참 잘 했어요'는 이런 상황을 바꾸려는 노력의 일환으로 탄생했다. 매주 모든 교직원들은 여덟 장의 작은 격려 카드를 받고, 훌륭한 선택을 하는 아이를 보면 그 카드를 준다. 카드를 받은 학생은 교무실로 오고, 그러면 관리자는 학생의 부모님에게 전화를 걸어 왜 그들의 자녀가 칭찬을 받았는지 알려주고 우리가 그들의 자녀를 얼마나 자랑스러워하는지 말해준다. 그 다음 날 아침에는 '참 잘 했어요' 카드를 받은 모든 학생들을 발표하고, 금요일에는 '참 잘 했어요' 카드를 받은 학생들 중 무작위로 20명을 뽑아 밖으로 나가 교장과 게임을 한다.

'참 잘 했어요'는 모든 것을 바꿔놓았다. 3일 만에 훈육 문제가 절반으로—맞다, 절반이다—줄었다. 또한 '항상 예의 바르게 행동하는' 아이들만 '참 잘 했어요' 카드를 가지고 사무실로 오는 것은 아니다. 종종 잘못된 선택을 하던 학생들도 카드를 받고 올바른 선택에 대해 칭찬을 받는다.

그리고 가장 좋은 부분이 뭔지 아는가? 전화 통화다! 아이도 울고, 부모님도 울고, 때로는 우리도 같이 운다. 학부모에게 전화를 해서 자녀를 칭찬하는 간단한 행동에는 아무런 비용도 들지 않는다. 그러나 자신의 자녀가 얼마나 훌륭한지에 대해—특히 학교 관리자로부터는—자주 듣지 못하는 학부모들에게 그 전화 통화는 매우 큰 의미가 있다.

아이들이 훌륭한 일을 하는 순간을 포착하라

며칠 전 나(애덤)는 5학년 교실에서 시간을 보내고 있었다. 학생들은 시내 지도를 그리고 있었는데, 그 중 한 학생이 무척 흥분해서 자신이 그린 지도를 내게 보여주었다. 그 학생은 신이 나서 주요 지형지물과 다양한 세부사항, 자신이 창의적으로 추가한 것 등을 모두 설명했다.

또 갑자기 학교에서 받은 아이패드를 꺼내더니 구글 계정에 로그인해서 자기 지도를 설명하는 글을 보여주었다. 내가 왜 아직 그 글을 구글을 통해 나와 공유하지 않았냐고 했더니 바로 그렇게 했다.

나는 그 학생이 완성한 과제를 보고 크게 놀랐고, 내가 무엇을 해야 하는지를 알았다. 학생의 집에 전화를 걸어 학부모에게 학생을 칭찬해야 했다.

교장으로서 내가 가장 좋아하는 여가활동은 수업 중인 교실에 들어가 있다가 학생들이 정말로 놀라운 일을 하는 것을 발견하고는 학생의 부모님에게 내 휴대전화로 전화를 거는 것이다. 그래서 나는 그 학생의 아이패드를 가지고 함께 교실 밖으로 나갔고, 학생의 어머니에게 전화를 걸 거라고 말해주었다. 정말로 좋은 시간이었다!

그 학생은 자기 엄마의 휴대전화 번호를 알려주었고, 우리는 스피커폰으로 전화를 걸었다. 대부분의 학부모들처럼 그 어머니도 내 목소리를 듣고는 약간 머뭇거렸다. 그러다가 내가 설명을 시작하자 울기 시작했다. 그 어머니는 아들이 한 일이 얼마나 자랑스러운지, 또 한 아들로서, 장남으로서 그 아이가 얼마나 자랑스러운지 아이에게 말했다. 내게 전화를 걸어주어 고맙다는 말도 몇 번이나 했다. 정말 좋은 시간이었다고 내가 말했던가? 정말로 그랬다!

아이들의 집에는 자주 전화할수록 좋다

교육자들이 해야 하는 일은 너무나 많다. 때로는 업무 목록이 끝도 없는 것 같다. 그러나 우리 두 사람 다 업무 목록에서 빼고 싶지 않은 한 가지는, 학부모들에게 전화해 자녀를 칭찬해주는 일이다. 그것은 우리 일에서 가장 중요하고 보람 있는 일 중 하나이며, 학생들이나 학생들의 가족들과 관계를 쌓는 과정에서 꼭 필요한 일이라고 생각한다. 또한 우리 전화를 받는 학부모들은 바쁜 와중에도 시간을 내어 자신의 자녀를 칭찬해준 것에 대해 언제나 고마워한다.

우리는 학생들의 집에 자주 전화할수록 좋다고 진심으로 믿는다. 잠시 짬을 내어 누군가에게 관심을 보여주는 말을 하는 것에는 엄청난 힘이 있다. 시간을 내어 웃음을 나누고, 어떻게 지내고 있는지 묻고, 아이들이 일을—어떤 것이든—아주 잘 하고 있다고 말해주어라. 잠시 시간을 내어 학부모에게 전화를 걸어 그들의 자녀에게서 훌륭한 점을 보고 있다고 말해주어라. 아니면 잠깐 시간을 내어 집에 있는 학생에게 전화를 걸어 매일 그 아이의 미소 짓는 얼굴을 볼 수 있어 얼마나 기쁜지 말해주어라.

당신의 일정에서 짬을 내어 간단한 전화 통화를 하는 것은
커다란 변화를 가져올 수 있다.

당신의 일정에서 짬을 내어 간단한 전화 통화를 하는 것은 커다란 변화를 가져올 수 있다. 또한 전화를 학부모들에게만 해야 하는 것도 아니다. 최근에 우리는 직원들이 놀라운 일을 해냈을 때 그들의 부

모나 가족에게 전화하기 시작했다. 나이가 몇 살이건 그들이 어떤 훌륭한 일을 하고 있는지 부모나 가족이 듣게 되는 것은 무척이나 기분 좋은 일이다.

나와 토드는 론 클라크와 통화를 하고 나서 흥분한 마음을, 그리고 어쩌면 약간의 경외감을 추스르기 위해 이야기를 나눴다. 론 클라크는 전혀 모르고 있겠지만, 그의 전화는 우리 두 사람의 인생에 커다란 변화를 가져다주었다. 잊지 못할 통화였다.

무척 존경해온 누군가가 우리에게 전화를 걸어온 후에 우리가 그런 감정을 느꼈다면, 교사나 교장이 학부모들에게 전화해서 자녀에 대해 긍정적인 말을 해준 후라면 학부모들의 기분이 어떨까? 당연히 날아갈 듯 좋을 것이다. 교사나 교장이 시간을 내어 관심을 보여주었고, 자신들의 자녀가 칭찬받을 만한 아이라고 믿고 있다는 것을 보여주었기 때문이다.

학생들의 집에—자주—전화하라! 전화해서 아이들을 칭찬하라. 모든 아이들은 칭찬받을 자격이 있다.

✖ 생각해보고 의견을 나눌 주제들 ✖

1 가장 최근에 학생의 집에 전화를 걸어 학생을 칭찬한 때가 언제였나요? 어떤 일이 있었나요?
2 시간을 내어 모든 아이들을 칭찬해준 적이 있나요? 모든 아이들은 집

에 전화를 걸어 칭찬해 줄 가치가 있습니다. 아이들의 특별한 점 한 가지를 찾아내어 칭찬해주세요.

#KidsDeserveIt

6장 따를 만한 리더가 되라

아마도 다들 리드하지 않는 '리더'—힘이 있는 자리에 있지만 이끌고 나가지는 않는 사람—와 일해 본 경험이 있을 것이다. 우리 둘도 뛰어난 관리자 밑에서 일해본 적도 있지만, 소리 지르고 감옥에 가고 '이름을 말해선 안 되는 그 사람'이라고 불리던 관리자와 일해 본 적도 있다. 온갖 유형의 관리자를 다 보아왔다고 말해도 무방하다.

우리는 리더십에 대해 생각할 때 흔히 배의 이미지를 떠올린다. 배는 선장이 있든 없든 바다 위에 떠 있다. 그러나 배는 그저 떠 있기 위해 설계된 것이 아니다. 배는 어딘가로 항해해야 한다. 만약 키를 잡은 선장이 없다면 배는 좌초하거나 무언가에 부딪히거나 가야 할 곳의 반대 방향으로 갈 수도 있다. 배에는 선장—키를 잡고 올바른 방향으로 배를 조종할 수 있는 사람—이 있어야 한다. 모든 선원들에게는—학교든 교실이든—이끌 줄 아는 선장이 필요하다. 생텍쥐 페리는 이렇게 말했다. "배를 만들고 싶다면 사람들을 모아 목재를 가져오게 하지도, 일을 나눠주지도 마라. 그들이 끝없이 펼쳐진 광대한 바다를 동경하도록 가르쳐라"

리더가 리드하지 않는—리더가 부재하거나 우유부단하거나 공격적인—학교에서 일하는 것은 교직생활에서 가장 힘든 부분 중 하나다. 교장으로서 우리는 교실 활동에 적극적으로 참여하는 것이 중요하다고 믿는다. 관리직 리더들은 시간을 내어 협력 수업이나 모범 수업하기, 소그룹 튜터링(개인지도)반 구성하기, 교사들과 함께 계획 세우기, 방과 후 튜터링 프로그램 이끌기, 아이들과 함께 독서하기, 자동차나 버스 봉사, 점심 식사 지도 등등의 일을 해야 한다.

교실을 맡고 있는 리더들은 협업과 혁신을 장려하는 환경을 조성해야 한다. 협업과 혁신은 학생들뿐 아니라 리더들에게도 필요하다. 교실의 리더들은 효율적으로 의사소통하는 법을 알아야 한다. 언제 밀고 나가야 하는지 뿐 아니라 언제 물러서야 하는지도 알아야 한다. 또한 관계 쌓기의 중요성도 알아야 한다. 교실의 리더들은 모험을 하고 이전과 다른 시도를 하는 것이 어떤 것인지 몸소 보여주어야 한다. 또 항상 교실 앞에 서서 강의를 해야만 리드할 수 있는 것은 아니라는 것도 알아야 한다.

형편없는 리더들은 핑계를 잘 댄다. 해야 할 문서 업무가 많다, 날마다 일을 하다 시시때때로 방해를 받는다, 시간을 들여야 할 다른 일이 있다 등등. 어떤 이들은 하루 종일 급한 불만 끄다가 시간이 다 간다고 불평한다. 그러나 우리는 사람들과 관계를 쌓고 연결되는 일에 집중한다면 급한 불의 숫자는 줄어들 거라고 믿는다. 그리고 물론, 교실에 적극적으로 참여하면서도 해야 할 일을 끝내는 것도 가능하다. 그렇게 하려면 창의적인 요령이 필요하지 않을까? 당연히 그렇지만 그럴 만한 가치가 있다. 선장실에——교사의 책상이든 교장실이든——틀어박혀 있는 리더는 이끌고 있는 것이 아니라 관리하고 있는 것이다. 리더들은 갑판에 나와서 바다를 지켜보고, 배를 조종하고, 선원들을 격려해야 한다.

리더들은 갑판에 나와서 바다를 지켜보고, 배를 조종하고,
선원들을 격려해야 한다.

당신을 더 좋은 리더로 만들 일곱 가지 실천법

1. 당신의 교실과 학교, 교육구에 대한 명확한 비전을 가져라. 어디로 가고 싶은지를 파악하고 성공을 위한 진로를 계획하라.

2. 용기 있게 아이들을 위한 최선의 결정을 내리고, 그대로 밀고 나가라.

3. 실패를 인정하라. 너무도 많은 리더들이 "미안합니다" 또는 "내가 잘못 판단했습니다"라고 말하기를 두려워한다. 우리 모두는 인간이다. 리더들도 인간이다. 누구나 실수한다. 우리는 수없이 많이 우리 팀 앞에 나가서 "제가 큰 실수를 했습니다" 또는 "제 결정에

대해 사과해야 할 것 같습니다"라는 말을 했어야 했다. 쉬운 일은 아니었다. 그러나 실수를 인정하는 모습은 당신을 따르는 사람들의 존경을 얻게 해준다.

4. 모험을 함으로써 혁신이 일반적인 환경을 조성하라. 리더들은 위험을 감수하고 경계를 넓혀나가야 한다. 그렇게 한다면 학생들이 이득을 볼 것이고, 다른 사람들도 리더의 행동을 본받을 것이다. 그러나 명심하라. 모험에는 많은 실패가 따른다는 것을. 또한 그래도 괜찮다는 것을! 실패를 통해 교훈을 얻기만 한다면 말이다.

5. 기꺼이 다른 사람들에게 의지하고 도움을 청하라. 이것은 어렵지만 반드시 필요한 일이다. 너무나 많은 사람들이 도움을 청하는 것이 무능이나 나약함의 표시라고 생각하지만 사실 그렇지 않다!

6. 다른 사람들의 공로를 인정해주고 돋보이게 하라. 훌륭한 리더들은 결코 자기 자신이 잘 해서 성공을 얻은 것처럼 행동하지 않는다. 언제 어떻게 다른 이들을 인정해줘야 하는지 알고 그들을 주인공이 되게 해준다.

7. 평생 학습자가 되라. 스스로도 부단히 배우고 성장하는 사람이 되고, 다른 사람들도 그렇게 되도록 자극하고 격려하라.

리더들의 자기 개발 및 전문성 개발과 관련해 덧붙이는 말
리더가 배우고 있지 않다면 어떤 메시지를 보내게 될까? 자신들의 관리자가 소셜 미디어의 효용을 믿지 않거나 교육구에서 일어나고 있는 일에 관한 트위트나 블로그 글을 '입수'하지 못한다면 교사들은 어떻게 생각할까? 리더 자신이 시대의 흐름에 맞추지 못한다면 어떻게 다른 이들에게 흐름에 발맞추라고 격려할 수 있을까? 정답은 '할 수 없다'이다. 리더가 공부하려고 하지 않는다면 직원들은 자기 개발이 꼭 필요한 것은 아니라는 메시지를 받게 된다. 소셜 미디어 등의 기술 도구를 이용하는 것이 중요하지 않다는 메시지를 받게 된다. 그런 도구들을 사용하는 것에 흥미를 느끼지 못하거나, 사용하고 싶어 해도 리더들의 지원을 받지 못해서 의지가 꺾일 것이다. 또한 인근 교육구의 관리자들이 적극적으로 앞장서는 것을—변화를 추진하고, 팀과 더불어 혁신하고, 관심을 가질 모든 이들에게 자신들의 사명과 비전을 전하는 것을—보면서 교사들은 그들처럼 자신의 학교를 변화시키고 성장하는 팀의 일원이 되기를 원할 것이다.

리더가 앞장서서 이끌지 않는다면 구성원 누구도 성장할 수 없고, 슈퍼스타들은 떠난다. 강력한 리더십이 없다면 우수한 팀원들은 성장할 수 있는 학교를 찾아 떠날 것이다. 그들은—사무실 자리만 차지하고 있는 사람이 아니라—진정한 리더를 찾아 나설 것이다. 선원들이 배를 떠나게 하지 마라. 그들과 함께 성장함으로써 팀에 남아 있게 하라. 우리는 끊임없이 움직이고 성장하고 배우고 밀어붙이고 실패하고 넘어져야 한다—그리고 더 강하고 똑똑한 모습으로 다시 일어서야 한다!

학교에서 맡은 역할이 무엇이든, 따를 만한 리더가 되기 위해 노력하라. 당신의 리더들에게 도전하는 것을 두려워하지 마라—그들이 무엇을 배우고 있는지 물어라. 그들에게 모험을 하러 가자고—함께 협력 교수Team-teach를 하거나 새로운 일을 시도하자고—요구하라!

리더는 이끌어야 한다. 키를 잡고 배를 조종해야 한다.

선장이 되어 당신의 배가 부여받은 소임을 다하게 하라!

학교에서 어떤 역할을 맡고 있든,

따를 만한 리더가 되기 위해 노력하라.

✖ 생각해보고 의견을 나눌 주제들 ✖

1 동료들이 성장하고 공부하도록 어떻게 독려하고 이끌어주었나요?

2 실수를 인정하기가 겁이 나서 동료들에게 사과하지 않은 적이 있나

요? 무엇에 대해 사과할 필요가 있었나요?

3 최근에 당신은 어떤 리더였나요? 당신이 더 나은 리더가 되기 위해서는 무엇이 바뀌어야 할까요?

#KidsDeserveIt

7장 작은 일들을 하라

우리는 리더들에게서 많은 것을 배운다. 그들의 본보기는 우리에게 큰 영향을 미치고 우리가 결정하는 데도 영향을 준다. 그들은 우리가 성장하고 새로운 아이디어와 관점을 고려하도록 도와준다. 우리에게 새로운 것을 가르쳐주지만, 때로는 그저 잊고 있던 작은 일들을 상기시켜주기도 한다. 그 작은 것들은 우리 학생들에게 대단히 큰 차이를 만들 수도 있다. 이 장에서는 우리가 좋아하는 '작은 일들'을 소개하겠다.

자신이 중요한 사람이라고 느끼게 하라

지난 여름, 나(토드)는 날짜가 닥쳐서야 오스틴에서 하룻밤 묵을 호텔을 예약하게 됐다. 저렴한 곳을 찾다가 최근에 문을 연 홀리데이 인 익스프레스 호텔에서 묵기로 했다. 학술대회 참석 첫 날에 ─ 호텔에 체크인을 하기 전에 ─ 그 호텔 직원에게서 전화가 걸려 왔다. 그녀는 나를 고객으로 모시게 되어 무척 기쁘다고 했고, 편안한 투숙을 위해 도착 전에 미리 준비해놓을 것은 없느냐고 물었다.

나는 깜짝 놀랐다. 체크인을 하기도 전에 호텔에서 전화해 자신들의 호텔에 묵게 되어 기쁘다고 말한 적은 그때까지 한 번도 없었다. 준비해놓을 게 없냐고 물어온 적은 더더욱 없었다.

내가 도착했을 때 직원들은 무척이나 친절했다. 도어맨은 곧장 나를 반기며 악수를 했고, 오늘 하루가 어땠냐고 물었다. 프런트 데스크 직원은 내내 미소를 지었다. 또한 다음 날 아침에 보니 손으로 쓴 쪽지가 방문 아래로 들어와 있었다. 호텔 지배인이 쓴 것이었는데, 편히 머물다 가기를 바라고 다시 방문해 주었으면 좋겠다는 내용이었다.

'와' 하고 감탄할 수밖에 없었다. 그 쪽지뿐 아니라 다른 작은 것들도 호텔 입장에서 아무런 비용이 들지 않는다. 그러나 그것들은 내게 엄청나게 큰 차이를 만들었다. 나는 지배인에게 전화해서 그 호텔 직원들이 나를 얼마나 중요한 사람으로 느끼게 해주었는지 말하기까지 했다. 몇 달이 지났는데도 여전히 만나는 사람들에게 그 일에 대해 이야기한다. 또한 다음에 오스틴에 있는 호텔에 묵을 일이 있으면 꼭 홀리데이 인 익스프레스에서 묵을 것이다.

학교에서도 사람들에게 그들이 중요한 사람이라는 느낌을 갖게 해줄 수 있다. 우리는 학교와 교실을 세상에서 가장 따뜻하고 힘을 주는 곳으로 만들 방법들을 찾아야 한다. 다음은 학교에 있는 사람들이 환영받고 있다고 느끼도록 해주는 아이디어들이다. 이 중 몇 가지를 시도해보라.

- 학기 시작 전이나 방학이 끝날 때쯤 "학교로 돌아온 것을 환영합니다" 편지나 엽서를 학생들에게 보낸다.
- 교실에 음악을 틀어놓는다.
- 교실을 방문하거나, 자원봉사를 하거나, 물품을 기부하는 학부모나 다른 사람들에게 감사 편지를 쓴다.
- 학생들의 집에 전화해서 학생에게 관심을 가지고 있다는 것을 보여준다.
- 학생들이나 동료들의 과외 활동에 참여한다.
- 당신을 찾아오는 모든 사람들을 하이파이브나 주먹 인사, 포옹, 따뜻한 미소 등으로 맞이한다.
- 예정에 없는 축하 행사를 연다. 춤을 추고, 캐릭터로 변장하라! 다시 해달라고 조르게 만드는 경험을 하게 하라.

이름을 불러주어라

어느 여름 시카고에서 열린 에드캠프 리더 모임에서 나(토드)는 미네소타 주에 있는 학교 교장인 브래드 거스탑슨과 일주일 넘게 시간을 같이 보냈다. 그 기간 동안 그는 내게 깊은 인상을 준 어떤 행동을 했다. 바로 사람들의 이름을 불러주는 것이었다. 그는 우리가 방문하는 모든 곳에서 일하는 사람들에게 말을 걸었고, 그들의 이름을 불러주었다. 그의 첫 번째 질문은 언제나 "이름이 뭐라고 하셨죠?"였다. 호텔에서 체크인을 할 때도, 택시를 타고 있을 때도, 식당에서 식사를 할 때도 마찬가지였다. 브래드는 언제나 사람들에게 이름을 물었고 대화하는 내내 그들의 이름을 사용했다.

아주 단순한 행동이었지만, 나는 그것 때문에 우리가 늘 더 좋은 서비스를 받았다고 확신한다. 그들의 대화를 지켜보면서 나는 그 사람들이 더 상냥하게 우리를 대한다는 것을 깨달았다. 이유가 무엇일까? 존중받고 있다고 느꼈기 때문이다.

서비스직은 남에게 좋은 소리를 듣기 힘든 직업이다. 불평하는 사람들이 언제나 꼭 있다. 브래드는 이름을 불러주는 단순한 행동으로 상대에 대한 배려를 보여줄 수 있고, 직원들 자신이 그저 시설에 붙박여 있는 물건이 아니라 중요한 한 사람이라고 느끼게 해줄 수 있다는 것을 가르쳐주었다.

우리 아이들과 동료들 또한 자신이 중요한 사람이라고 느끼고 싶어 한다. 우리는 이름을 불러주는 것이 긍정적인 차이를 만든다는 것을 알고 있다. 그렇다는 말을 들었기 때문이다. 많은 아이들이 우리가 자신의 이름을 정말로 아는 것이 얼마나 기분 좋은 일인지 말해주었다. 또한 올해 내가 아는 교사 중 한 명이 눈물을 흘렸는데, 그 이유는 5년 만에 처음으로 자기 학교 교장이 자신의 이름을 정확하게 발음해 불러주었기 때문이었다.

학생들과 동료들의 이름을 외워라. 그리고 이름을 불러주어라.
그것은 관심을 보여주는 방법이다.

학생들과 동료들의 이름을 외워라.

그리고 이름을 불러주어라.

그것은 관심을 보여주는 방법이다.

혼자 있는 사람이 없는지 살펴라

내(토드)가 발표하는 자리에 참석하거나, 작은 모임에서 나와 함께 시간을 보낸 사람들은 나를 활발하고 사교적인 사람이라고 생각한다. 그러나 사실 나는 큰 모임이나 모르는 사람들이 많은 곳에서는 대단히 내성적인 사람이 되기도 한다. 사람들이 모인 방의 구석에 앉아 물을 홀짝이는 그런 사람이다. 나에게 말을 걸어오는 사람이 있다면 말을 하겠지만 적극적으로 대화를 시도하지는 않을 것이다. 그 결과 열성적으로 대화를 주고받는 사람들에 둘러싸인 아웃사이더 같은 느낌이 들기도 한다.

벤 길핀Ben Gilpin, 브래던 블롬Brandon Blom, 테레사 스테이저 Theresa Stager, 토니 시나니스Tony Sinanis, 멜린다 밀러Melinda Miller 등 (전국 각지의 교장들)은 나와 같은 '외톨이'를 끊임없이 찾아내고 그들을 대화에 끼게 만드는 방법을 찾는 기술을 가르쳐 주었다. 내가 교육자 모임에서 슬그머니 자리를 뜨거나 조용한 테이블에 숨으려고 할 때면 그들 중 한 명이 나를 찾아내고는 내 옆 자리에 앉거나 나를 모임으로 다시 끌어들이곤 했다.

그렇게 함으로써 그들은 특정한 모임 자리에서 겁을 먹거나, 자기가 낄 자리가 아니라거나, 아웃사이더처럼 느끼는 사람들을 위해 내가 똑같이 해주는 것이 필요하다는 것을 가르쳐 주었다. 사람들은 자신이 그곳에 있을 자격이 있다는 것을 상기시켜줄 사람이 필요하다. 손을 내밀어 붙잡아주거나 아니면 그저 곁에 앉아 있어줄 누군가가 필요하다. 누구나 관심받고 싶어 하고 자신이 중요한 사람이라고 느끼고 싶어 한다.

우리 학생들도 마찬가지이다. 우리는 자주 아이들이 점심시간에 혼자 앉아 있거나, 쉬는 시간에 혼자 놀거나, 누구와도 눈을 마주치지 않으려고 고개를 푹 숙이고 복도를 걸어가는 모습을 목격한다. 그 아이들의 신체 언어는 그냥 사라져버리고 싶다는 바람을 분명히 보여준다. 자칫 지나치기 쉬운 그 아이들을—그 아이들의 대응 기제는 사람들 속에서 있는지 없는지 모르게 행동하는 것이다—알아보고 관심을 기울이는 것이 교육자로서 우리가 해야 할 일이다. 우리는 이런 이유로 점심시간에 아이들과 함께 식사하는 것을 좋아한다. 식당에 들어가서 혼자 있는 아이를 발견하고 그 아이 옆에 앉는다. 그런 다음에는 어떤 일이 벌어질까? 다른 아이들도 자리를 옮겨와서 우리와 함께 식사하고 싶어 한다. 그리고 어쩌면—어쩌면 말이다—그

만남을 통해 아이들 사이의 벽에서 벽돌 몇 개는 없앨 수 있을지도 모른다.

사람들에게 목소리를 낼 기회를 주어라.

나(토드)는 어떤 학술대회에 참석해 패널 토론 진행을 준비한 적이 있었다. 그러나 패널 토론 제안서를 제출할 때 패널을 선정하지는 않았다. 그저 패널을 '테크 닌자와 친구들'이라고만 불렀다.

학술대회 장소에 도착해 아는 몇몇 사람들에게 토론에 참여해달라고 요청했다. 잘 알려진 발표자에게 요청한 것은 아니었다. 그저 대형 학술대회와 에드캠프에 참석하기 위해 학교를 빠진 교사들에게 요청했다. 존경하는 누군가가 나에게 토론 요청을 해준 것이 내게 대단히 큰 격려가 되었기 때문에 다른 사람들에게도 그 격려를 전해주고 싶었다.

약 1,500명의 사람들을 대상으로 한 발표가 끝나고 나서 패널로 참여한 어떤 분의 아내가 눈에 눈물이 고인 채 내게 말했다. "제 남편을 참여하게 해주셔서 감사합니다. 선생님께서 토론 참여를 요청한 것은 그이에게는 대단히 의미 있는 일이었습니다."

우리는 모두 어떤 이유로 교육계에 있고, 누구나 다른 사람들과 공유할 만한 대단히 훌륭한 아이디어를 가지고 있다. 당신에게 무대나 블로그, 소셜 미디어 팔로워들이 있다면 그 플랫폼을 이용해 다른 사람들이 의견을 말하고 아이디어를 공유할 수 있게 해주어라.

팔로워가 많지 않더라도 당신은 다른 사람들이 자신의 아이디어에 대해 이야기하도록 격려할 수 있다. 학교 블로그를 시작해서 여러 직원들이 매주 자신의 이야기를 들려줄 수 있게 하라. 아니면 학생들이 하고 있는 멋진 일들을 조명하는 영상을 매주 만들어라. 소셜 미디어는 우리에게 플랫폼을 준다. 그것을 활용해 좋은 소식을 퍼뜨리고, 훌륭한 아이디어를 공유하고, 다른 사람들이 자신의 목소리를 찾을 수 있게 격려하라.

마음에 들어요, 리트윗, 그리고 상호작용

나(토드)는 소셜 미디어를 통해서 대단히 존경하는 사람들을 만났다. 마침내 그분들을 직접 만나게 되면 나는 사진을 찍고 악수를 하고 싶으면서도 주변을 맴돌며 부끄러워한다. 지난 여름에는 그런 교육 영웅들 중 몇몇 분들과 인터넷에서(그리고 몇 분은 직접 만나서) 대화하는 영광을 누렸다. 에릭 월Erik Wahl, 토드 휘터커Todd Whitaker, 스티브 스팽글러Steve Spangler, 데이브 버제스Dave Burgess, 킴 비어든Kim Bearden, 론 클라크Ron Clark, 앤절러 메이어스Angela Maiers, 살로메 토마스-ELSalome Thomas-EL 등이 그분들이다. 그분들은 내 트위터 글에 '마음에 들어요' 표시를 해주고, 내 아이디어를 공유하면서 내 이름을 언급해주고, 또한 "당신은 정말 멋진 일을 하고 있어요"라는 응원 메시지를 보내주어 내가 화면을 캡처하고 춤을 추며 집안을 돌아다니게 만들었다. 내 아내가 증언할 수 있다! 그런 단순한 행동들이 내게는 정말로 큰 의미가 있었다.

지난 여름 기조연설자로 참여했던 행사에서 주최자가 내게 이런 말을 했다. "많은 초청 연사들을 보아왔지만, 선생님에게는 남들과 다른 특별한 점이 있습니다. 대화를 하는 모든 사람들을 동일한 흥미—동일한 관심—를 가지고 대한다는 거죠. 백한 번째로 대화하는 사람들도 그 전에 대화한 백 명의 사람들과 똑같이 대합니다. 그 사람들 모두를 자신이 가장 중요한 사람이라고 느끼게 만듭니다. 마치 자신이 대화하러 온 첫 번째 사람인 것처럼 느끼게 하는 거죠." 전에는 그런 점에 대해 그다지 많이 생각해보지 않았지만, 지금은 내가 무엇 때문에 그렇게 하는지 안다. 내가 그렇게 하는 것은, 누구나 자신이 특별하다고 느낄 자격이 있기 때문이다. 나는 모든 사람들이 자신이 중요한 사람이라는 느낌을 갖고 떠나기를 바란다.

우리는 우리의 학교에서도 똑같이 하려고 노력한다. 모든 아이들을—마치 세상에서 가장 중요한 사람을 맞이하듯—따뜻하게 환영하려고 노력한다. 복도에서 마주치는 모든 아이들에게 말을 건다. 미소를 나누고 하이파이브를 한다. 이런 긍정적인 상호작용은 학교에 있는 성인들에게도 중요하다. 동료직원들과 학부모들에게도 우리와의 만남을 통해 자신을 더 중요한 사람으로 느낄 수 있게 해줘야 한다.

어떤 하루를 보내고 있든 우리는 이런 일들을 하는 것이 중요하다고 여긴다. 그게 우리의 일이다. 그렇다. 지친 하루의 끝에 집에 가서 쉬고 싶다는 생각밖에 안 들 때 미소를 지으며 소통하는 것은 쉽지 않다. 그러나 그렇게 하는 것이 가장 중요한 때가 바로 그때이다. 우리는 이런 질문을 받는 것을 좋아한다. "선생님은 하루가 끝나갈 때도 어떻게 그렇게 여전히 에너지가 넘치고 행복해 보일 수가 있으세요?" 우리는 그래야 하니까! 모든 아이들은 자신이 중요한 존재라고 느낄 자격이 있다. 모든 아이는 자신이 '마음에 드는' 사람이라고 느낄 자격이 있다.

> 모든 아이들은 자신이 중요한 존재라고 느낄 자격이 있다.
> 모든 아이는 자신이 '마음에 드는' 사람이라고
> 느낄 자격이 있다.

아이들의 집을 방문하라

가정 방문은 과거나 지금이나 내(애덤)가 가장 좋아하는 활동이다. 처음에 아이들의 집에 방문하기 시작한 이유는 대개 교실에서 문제 행동을 보이거나 학업에 어려움을 겪는 학생들을 돕고 문제를 해결하기 위해서였다. 시간이 지나면서 이 방문은 자연스럽게 축하 방문으로 바뀌었다.

때때로 나는 학교에서 학업이나 교우관계 또는 행동 면에서 큰 발전을 보인 학생의 집을 방문한다. 때로는 아이가 슬픈 일을 겪고 있을 때, 가령 부모가 이혼 절차를 밟고 있거나 수감되었을 때, 직장 때문에 집을 오래 비워서 아이가 보모와 지내는 것을 힘들어 할 때 방문하기도 한다.

어떤 이유에서 방문하든, 학생의 집을 방문하는 것은 놀라운 영향을 미친다. 때로 나는 학생들의 방 청소를 돕는다. 책을 한 권 꺼내서 몇 개 장을 읽기도 한다. 농구를 하거나 축구공으로 캐치볼을 할 때도 있다. 토드와 나는 부정적인 행동을 하는 아이들이 가정 방문 뒤에 180도로 완전히 달라지는 것을 보았다. 왜 그런 일이 일어났을까? 우리가 그 아이들에게 시간을 투자했고, 우리가 자기에게 관심을 쏟는다는 것을 아이들이 알았기 때문이라고 생각한다. 또한 처음에는 잠재력을 충분히 발휘하지 못하고 있던 아이들이 더욱 훌륭해지는 것도 보았다. 우리의 방문이 더 많은 것을 성취하고 싶게 만든 것이다.

시간을 내어 가정 방문 일정을 잡아라. 아이들은 당신의 방문을 평생 기억할 것이다!

테이블을 닦고 쓰레기를 내다 버려라

내(애덤)가 교감이었을 때 우리 학교 점심시간은 정신없이 분주했다. 유치원생에서 5학년까지 전교생이 1,200명이었고, 점심시간은 매일 두 시간이 넘었다. 그 많은 아이들에게 밥을 먹이고 뒷정리를 해야 했다. 그렇다. 나는 매일 평상복 바지와 넥타이 차림으로 출근했는데, 그런 복장으로 배식을 돕고, 테이블을 닦고, 쓰레기를 내다 버렸다.

아이들은 항상 내게 왜 행주를 들고 다니고 바닥에 떨어진 쓰레기를 줍느냐고 물었다. 아이들은 내가 배식하는 것이 재미있다고 생각했다. 그러나 나는 언제나 이렇게 말했다. "나는 팀의 일원이란다."

"그렇지만 교감 선생님이시잖아요." 아이들이 주장했다.

"그래 맞아. 그래서 나는 팀을 돕는 거야." 나는 이렇게 말하곤 했다.

내가 교장이 되어 그 학교를 떠나게 되었을 때 관리인은 작별인사를 하는 나를 꼭 껴안았다. 그녀는 15년 넘게 관리인으로 일하고 있었는데, 테이블을 닦거나 쓰레기를 들고 나가서 수거함에 버리는 관리자는 내가 처음이었다고 했다. 그 말을 듣고 정말 마음이 아팠다. 나는 그것이 대단한 일이라고 생각하지 않았다. 나는 팀의 일원일 뿐이었다.

학교에 있는 모든 사람들은 중요하다. 그들의 말을 경청해야 하고 그들이 지지와 격려를 받고 있다는 느낌을 갖게 해야 한다. 도움을 주고 팀의 일원이 되라! 하던 일을 멈추고 봉사하기에 너무 지위가 높거나 대단한 사람은 없다.

버스를 타라

몇 년 전부터 우리(애덤) 학교는 특수아동을 위한 학급을 운영하고 있다. 특수학급 학생들 중 많은 아이들이 우리 교육구에서 운행하는 통학버스를 이용한다. 버스에 타거나 내리는 곳에서 아이들의 가족들을 만나볼 기회가 한 번도 없었던 것이 나는 몹시 마음에 걸렸다.

우리 교육구의 학생수송 책임자와 몇 차례 전화통화를 하고 대화를 나누고 나서 상황을 파악했고, 아침 6시에 버스를 보러 가기로 약속을 했다. 이전에 한 번도 해보지 않았던 일이라 반신반의하는 마음과 함께 초조하면서도 들뜬 기분이 들었다. 운전기사는 차고지에서 세심하게 신경 써서 운행 준비를 하고, 모든 안전 점검을 마치고, 아이들을 태울 준비가 되었는지 확인했다.

우리 교육구의 통학버스 기사님들은 아이들에게 100퍼센트 신경을 쓴다는 사실을 그분들의 목소리에서 들을 수 있고, 행동에서 볼 수 있으며, 하는 모든 일에서 알아차릴 수 있었다. 그분들이 우리 팀의 일원인 것은 대단한 행운이다.

물론 그날 나의 여정에서 가장 중요한 부분은, 아침에 집에 있는 학생들을 보는 것이었다. 아이들은 모두 나를 보고는 아주 깜짝 놀랐고, 학부모들도 마찬가지로 얼떨떨해 했다. 아이들과 함께 하루를 시작하고 아이들의 가족들과 더 친밀한 관계를 쌓는 것은 여러모로 설레는 일이었다.

모든 교육자들은 시간을 내어 학생들과 함께 버스를 타야 한다!

작은 실천들이 진정으로 큰 차이를 만들어낼 수 있다. 우리는 배움이 아직 끝나지 않았고, 우리가 결코 이런 일들에 능숙한 것은 아니란 걸 안다. 그러나 우리는 부단히 배우고 익히고 부단히 발전하고 있다. 왜냐하면, 아이들은 그럴 가치가 있기 때문이다!

✖ 생각해보고 의견을 나눌 주제들 ✖

1 당신이 배운 '작은 일'에는 어떤 것이 있나요?

2 교육자가 부단히 성장하는 것이 왜 아이들에게 중요할까요?

3 당신이 그 '작은 일들'을 하지 못하게 방해하는 '큰일'은 무엇인가요?

#KidsDeserveIt

8장 차에 두고 내려라

／

당신의 차는 생각보다 당신의 학생들에게 중요하다. 사실, 당신이 생각하고 있는 것보다 당신에게 중요하다. 왜일까? 당신의 문제가 차 안에 그대로 있을 수도 있고, 차에서 나와 당신을 따라갈 수도 있기 때문이다. 누구나 한 번쯤은 처해 보았을 다음의 상황에 대해 생각해보라.

- 집에서 힘든 아침을 겪었다.
- 출근길이 끔찍했다.
- 어젯밤 부모님에게서 심란한 연락을 받았다.
- 참석하고 싶지 않은 회의가 곧 있다.
- 집에서 쉬어야 할 정도로 아픈 건 아니지만 몸이 좋지 않다.
- 경제적 문제로 스트레스를 받고 있다.
- 자녀나 배우자, 연인과 다퉜다.
- 어제 있었던 일 때문에 여전히 마음이 어지럽다.

- 자동차 연료가 거의 떨어졌거나, 타이어에 펑크가 났거나, 셔츠에 커피를 흘렸다.

아이들에게는 신나고 활기찬 어른이 필요하다. 하루 종일 자신들과 함께 탐험하고 웃을 준비가 되어 있는 ─시종일관 사방에 에너지를 발산하고 하이파이브를 하면서 마법의 순간을 찾는 ─누군가가 필요하다. 우리 아이들은 우리가 생각하는 것보다 가정에서 훨씬 더 많은 문제들을 감당해야 한다. 학교는 그 아이들에게 안전망이고, 안심할 수 있는 곳이고, 하나의 진정한 가정이다. 아이들은 우리가 날마다 사랑과 격려, 희망으로 자신들을 감쌀 준비가 된 상태로 학교에 오기를 원한다.

당신의 문제는 차에 두고 내려라. 크게 심호흡을 하고 긍정적인 것들에 집중하라. 희망을 찾아라. 아이들은 최상의 상태에 있는 당신이 필요하다. 매일매일 기운차게 걸어나가 당신의 최선의 모습을 보여라. 멋진 어른이 되어라! 아이들은 그럴 자격이 있다!

✖ 생각해보고 의견을 나눌 주제들 ✖

1 힘든 아침을 겪고 있다면 동기부여를 위해 트위터에서 #Kids DeserveIt을 검색해보세요.
2 교내로 들어가는 길에 동료를 한 명 찾아서 최근에 아이들과 거뒀던

성공에 대한 이야기를 나눠보세요!

3 교실이나 학교에 있는 모든 아이들이 다른 누군가의 '전부'라는 사실
을 생각해보세요. 당신의 '전부'는 어떻게 대접 받기를 원하나요?

#KidsDeserveI

9장 의심에 대처하기

의심은 때때로 우리 주변에 숨어 있지만, 일단 우리 안으로 들어오면 뿌리치기가 쉽지 않다. 의심은 다음과 같은 많은 의문을 갖게 한다.

- 우리 학생들과 교사들이 더 잘 할 수 있도록 충분한 지원을 하고 있는 걸까?
- 학부모들과 두터운 신뢰를 쌓을 수 있도록 의미 있게 연결되어 있는 걸까?
- 이번 주에는 '문제'가 너무 많다. 우리 학교에 긍정적인 일은 일어나고 있지 않다.
- 내가 이 일을 할 수 있을까? 이 일이 내게 맞는 일일까? 다른 일을 찾는 게 더 쉽지 않을까?
- 다른 사람들은 다 나보다 잘하고 있는 게 분명하다. 그들은 모든 것을 다 갖췄다.

- 내가 아무리 노력해도 안 되는 일인 건 아닐까?
- 너무 힘에 부친다!

의심은 용기를 꺾을 수 있다. 우리 둘 다 그런 기분을 잘 알고 있고, 때로는 그런 기분 때문에 지치기도 했다. 실은 너무 지쳐서 캄캄한 곳에서 우리를 인도해 줄 빛을 찾으려고 했다. 그러다 마침내 우리는 출구가 보이지 않는 가장 어두운 순간에도 언제나 빛이 있다는 것을 알게 되었다.

의심이 들 수도 있지만 중요한 사실은, 아이들에게 당신이 필요하다는 것이다! 아이들의 부모에게도 당신이 필요하다. 당신의 동료들에게도 당신의 에너지가, 당신의 아이디어가, 배움을 향한 당신의 열정이 필요하다! 교사들에게는 아이들을 위해 놀라운 경험을 만들어주고자 하는 당신의 열정과 힘이 필요하다. 그 경험들은 아이들의 호기심에 불을 붙이고 그 불꽃이 환하게 타오르게 한다! 우리 모두는 저마다 놀라운 재능을 가지고 있고, 주변 사람들은 그 재능에 대해 듣고 그것을 통해 배워야 한다. 결코 의심하지 마라.

당신은 중요한 존재다.

2015년 가을, 나(토드)는 웹 초등학교에 교장으로 부임했고, 그곳에서 보낸 첫 주는 놀라운 것들로 가득했다. 교사들에게서 배운 멋진 교훈들, 학생 및 학부모들과의 훌륭한 상호작용, 쉬는 시간 복도에서의 흥미진진한 순간들. 그러나 그 주는 내게 엄청난 시련이기도 했다.

그 학교는 바로 전해에 근무했던 나바소타 인터미디어트스쿨보다 훨씬 더 규모가 컸다. 학생도 교직원도 더 많았고, 학부모도 학년도 더 많았다. 유아반pre-K부터 5학년까지 학년을 확대한 직후였다. 아이들 750명을 돌보며 더 많은 상심과 고통을 보게 되었다. 가정생활을 들여다보면 마음이 아픈 아이들이 훨씬 많았다. 그러나 이것뿐만이 아니었다. 교육구와 학교 내에서 일어나는 모든 변화들 때문에 나는 소셜 미디어를 통해서나 직접 만난 자리에서 학부모들로부터 악담을 들어야 했다. 이전의 교직생활을 통틀어 들었던 것보다 더 많은 악담이 내게 쏟아졌다. 그로 인해 나는 엄청난 타격을 입었다.

그런 스트레스가 모두 쌓여가면서 의심이 내 마음을 사로잡아 버렸다.

나는 의심이 우리에게 미치는 힘에 대해 자주 생각한다. 누구나 때로는 자신이 좋은 배우자, 좋은 친구, 좋은 형제자매, 좋은 부모인지 의심한다. 우리는 자신이 좋은 교사인지 의심한다. 자신이 뭘 하고 있는지 정말로 알고 있는 건지도 의심한다. 자신이 이 일에 적합한 사람인지 의심한다. 자신의 재능과 능력과 자질을 의심한다.

의심은 우리를 갈기갈기 찢어놓을 수 있다. 그냥 내버려둔다면 의심은 우리를 파괴할 수도 있다. 온라인에서 보이거나 내 귀에 들려오는 그 부정적이고 파괴적인 말을 읽고 들으면서 나는 내가 정말로 우리 지역사회의 가족들이 싫어하고 원치 않는 사람인 것은 아닐까,

또 나의 존재와 내가 하는 일이 과연 의미가 있을까 하는 생각을 하기 시작했다.

나는 우리 팀에게 웹 초등학교에 있는 한 사람 한 사람 모두가 중요한 사람이라고 말해왔었다. 실제로 나는 매일 시간을 내어 사람들에게 그들의 가치를 일깨워주어 왔다. 그런데, 우습게도 정작 나는 나 자신의 가치를 그렇게나 빨리 잊어버리고 말았다.

기도를 한 후에 나는 내가 늘 다른 사람들에게 하라고 조언했던 일을 했다. 나를 지지해줄 사람들을 찾는 일이었다. 내 마음을 알아주는 친구들과 동료 교육자들을 찾아다녔다. 그들과 함께 울고, 함께 기도하고, 나의 아픔과 상처를 나눴다. 그들의 진심 어린 말은 나를 회복시켰다. 그들은 나를 일으켜 세워주었고 내가 알던 본래의 나를 상기시켜주었다.

희망의 불꽃이 타오르게 하라

나(애덤) 역시 때때로 의심이 주위를 맴돈다. 며칠이나 몇 주 동안 사라지지 않을 때도 있다. 나는 의심을 물리치려고 노력하고 항상 물리칠 수 있기를 바란다.

우리는 다음과 같은 것들 때문에 심리적 압박감을 느낀다.

- 너무 많은 계획
- 너무 많은 이메일

- 제출해야 할 너무 많은 문서
- 신경 써야 할 너무 많은 새 프로그램
- 충분한 지원을 해주지 못하고 있는 너무 많은 기존 프로그램들
- 너무 많은 회의―언제나 너무 많은 회의
- 주차나 건물, 담장, 참가 신청서, 서류 등 교육과 관련 없는 것들에
  관한 너무 많은 대화
- 충분하지 않은 지도 감독
- 부족한 재미
- 흥미로운 프로그램을 진행할 시간 부족
- 진정으로 아이들과 관계를 맺을 시간 부족

새벽같이 출근하고 늦게까지 일하는데도 여전히 일을 다 처리하지 못하는 것은 피곤한 일이다. 가족들 얼굴도 보기 힘든 생활을 하다 보면―생활의 균형이 완전히 깨진 것을 알고 그래서 걱정을 하게 되면―다음에는 어떤 일이 벌어질지, 자신에게 그걸 감당할 능력이 있을지 의심하게 된다.

안간힘을 다해 버티다가 지쳐 쓰러지기를 반복하는 생활의 연속이다.

압박감을 느끼다 보면 과도한 의심이 밀려올 수 있다. 그러나 나는 이따금 의심과 싸우는 일은 있어도 의심이 내 삶에 뿌리내리지는 못하게 하는 법을 배웠다. 의심을 무찌르는 방법은, 내가 중요한 사람

이라는 것을, 내 일이 중요하다는 것을, 또한 내가 변화를 만들어가고 있다는 것을 상기시켜줄 사람들을 주변에 두는 것이다. 당신의 기운을 돋게 해줄—당신의 자그마한 성공 하나하나를 축하하게 도와줄—사람들과 연결되라. 아무리 작은 성공이라도 축하할 만한 가치가 있다. 또한 그 작은 성공들이 모여 작은 희망의 불씨를 만들어낼 수 있다. 그 희망을 키워라. 그러면 그것은 커다란 불꽃이 되어 의심을 잠재울 것이고, 당신의 학교에도 가능성에 대한 희망이 불붙게 할 것이다.

아무리 작은 성공이라도 축하할 가치가 있다.

의심이라는 감정과 싸우고 있을 때 스스로에게 물어라. 우리가 하고 있는 의미 있는 일은 무엇인가? 무엇이 가장 중요한가? 들인 노력에 비해 가장 큰 보람을 얻는 곳은 어디인가?

그 물음에 대한 답은 교실에서—아이들과 더불어 아이들의 교육모험(#eduadventure)이 무엇인지 배우면서—찾게 될 것이다. 교사들과 교육과정에 대해 또 아이들이 학교를 더 좋아하게 만드는 방법에 대해 이야기를 하는 것은 가치 있는 일이다. 학부모들과 관계를 쌓아서 가정과 학교의 연결을 강화하는 것도 중요하다. 그러나 가장 중요한 것은, 우리가 믿고 있고 관심이 있다는 것을 아이들에게 보여줌으로써 자신감을 가지게 하는 것—아이들에게 성취할 수 있는 것이 무엇인지 보여주는 것―이다.

그러니 슬슬 의심이 비집고 들어온다는 느낌이 들 때는 당장 꺼지라고 말하라! 거울 속 자신의 모습을 보고 당신이 얼마나 놀랍도록 특별하고 중요한 존재인지를 기억하라. 그런 다음 당신을 응원할 수 있는 사람들과 연결되어라. 우리는 당신이 트위터나 박서를 통해 우리와 연결되었으면 한다. 우리에게는 당신이 필요하다. 당신에게는 우리가 필요하다. 우리 중 어느 누구도 이 일을 혼자 할 수는 없다. 우리는 서로를 응원해줘야 한다!

✻ 생각해보고 의견을 나눌 주제들 ✻

1 당신의 능력을 의심하거나 의문을 품게 하는 것은 무엇인가요?

2 의심이 들 때 어떻게 물리치나요?

3 당신을 지지해주는 사람들은 누구인가요? 시간을 내어 그런 사람들을 찾아보고, 칭찬해주고, 감사의 마음을 전하세요.

#KidsDeserveIt

10장 누구나 치어리더가 필요하다

얼마 동안이든 아이들과 함께하는 일을 해본 사람이라면 아이들이 직면하는 전쟁을 알 것이다. 아이들과 함께하면 할수록, 응원해줄 사람이 없는 아이들이 얼마나 많은지 알게 된다. 그 아이들에게는 그들이 얼마나 놀라운 존재인지 말해주는 사람도, 믿어주는 사람도, 다정한 말로 이끌어주는 사람도 없다.

성공한 사람들—유명인사, 운동선수, 작가, 예술가, 정치인, 사업가 등—의 전기를 들여다보면, 자신의 성장기에 시간과 노력을 쏟아준 누군가가 있었기 때문에 성공할 수 있었다고 말하는 사람이 많다. 자신을 응원해준 사람이 있었다는 말이다.

우리는 학생들의 기운을 북돋우고 응원해줄—우리가 사랑한다는 것을 알게 할—모든 방법을 찾아야 한다. 우리는 아이들을 믿고, 아이들 곁을 지킬 것이다. 아이들의 치어리더가 되어줄 것이다! 우리가 가장 좋아하는 TEDwww.ted.com 강연 가운데 리타 피어

슨Rita Pierson의 '모든 아이들은 챔피언이 필요하다Every kid needs a champion'가 있다. 그녀는 한 학생의 시험지를 채점하다 두 문제를 맞혔기 때문에 시험지에 '+2'라고 쓴 일에 대해 이야기한다. 그녀는 이렇게 말한다. "보세요, '-18'은 기운이 완전히 빠지게 하지만 '+2'는 '그렇게 나쁜 건 아니야'라고 말해줍니다." 아이들의 기운을 북돋워주자!

나(토드)는 순탄치 않은 어린 시절을 보냈다. 우리 집은 하루도 조용할 날이 없었다. 부모님은 매일같이 싸웠고, 아버지는 날마다 술을 마셨으며, 집에 있는 날도 많지 않았다. 나는 어디를 가나 외톨이가 된 기분이었다. 어린 시절에 대한 기억은 많지 않지만, 한 가지 분명히 기억에 남아 있는 것은 나의 할머니이다.

어린 시절 내내 어떤 일이 벌어지든 할머니는 언제나 내가 기댈 바위였다. 형과 나는 할아버지 할머니 댁을 거의 주말마다 방문했다. 할머니는 늘 나를 데리고 요리를 했고, 내가 지금 알고 있는 요리에 대한 모든 것을 가르쳐주었다. 또한 책 읽기에 대한 사랑을 심어주었다. 할머니 댁에 갈 때마다 할머니는 나를 서점에 데리고 가서 『애니모프Animorphs』(청소년용 SF 소설―옮긴이) 시리즈의 다음 책을 사주었다. MS 워드와 엑셀 사용법도 가르쳐주었고, 내 명함을 만드는 것도 도와주었다. 나는 결혼 전에 누구보다 할머니가 나의 아내를 마음에 들어 하기를 바랐다. 무엇보다도, 할머니는 나의 치어리더였다.

할머니 댁에 가면 언제나 할머니는 내가 얼마나 특별한 존재인지 말해주었다. 내가 당신에게 얼마나 큰 의미인지도 말해주었다. 누가 뭐라고 하든 내가 훌륭한 일들을 하게 될 거라고 말했다. 어리고 순진한 마음에 나는 할머니의 말을 믿었다. 할머니와 보내는 매 순간 내가 세상에서 가장 중요한 사람인 것처럼 느껴졌다.

고등학교와 대학 시절 동안에도 할머니와의 관계를 계속 쌓아갔다. 내 인생에서 좋은 일이 생기면 언제나 할머니에게 전화를 했고, 할머니는 나를 축하해주었다! 할머니는 내가 언급된 모든 기사를 오리게 했고, 내가 학교에서 했던 모든 프로젝트나 보고서를 모으게 했다. 그런 다음 어디를 가든 그 기사나 자료를 가지고 다니면서 내가 얼마나 자랑스러운지 사람들에게 말했다. 밖에서 할머니와 같이 있을 때면 언제나 할머니는 누군가에게 꼭 이렇게 말하곤 했다. "이 애가 누군지 알아요? 내 손자 토드예요. 이 녀석이 세상을 바꿀 거예요!" 쑥스럽기도 했지만, 한편으로는 누군가 나를 그토록 자랑스럽게 여긴다는 사실에 가슴이 뿌듯했다.

교사가 된 이후에도 어떤 일을 해낼 때마다 가장 먼저 할머니에게 전화해서 기쁜 소식을 전했다. 그럴 때마다 할머니는 내가 자랑스럽고, 나 때문에 들뜨고 신난다고 말했다. 내가 어떤 일을 해냈는지 전혀 이해하지 못한다 해도 말이다. 할머니를 찾아가면 항상 이렇게 물었다. "세상을 바꾸기 위해 요즘은 어떤 놀라운 일들을 하고 있니?"

내가 교직에 들어온 지 6년째 되던 해에 할머니는 췌장암 진단을 받았다. 우리 할머니는 투사였다. 그분은 상대가 누구든 그 어떤 것이든 순순히 받아들이는 법이 없었다. 그래서 암 진단을 받았을 때 할머니는 있는 힘을 다해 싸우기로 결심했다. 그리고 그렇게 하셨다.

그러나 거의 일 년 반 동안의 투병 생활을 하고 나서 할머니는 지쳤다. 할머니는 싸우는 것이 싫어졌다. 할아버지가 내게 전화해 할머니가 식사도 약 먹는 것도 거부하고 있어서 병원으로 데리고 갔다고 했다. 할아버지는 할머니가 얼마나 더 살 수 있을지 모르겠다고 하셨고, 할머니는 누구와도 말을 하지 않고 있었다.

나는 곧장 달려갔다. 할머니의 침대 곁에 앉아서 할머니의 손을 잡고 내가 얼마나 사랑하는지 말해주었다. 할머니는 눈을 감은 채 천천히 숨을 쉬며 누워 있었다. 나는 몸을 움직여 할머니를 안아드렸고 작별인사를 했다. 그때 할머니가 눈을 뜨셨다. 할머니는 내게 속삭였다. "잘 가거라, 토드. 네가 너무 자랑스럽구나. 미안하다." 나는 그 자리에서 복받치는 슬픔을 주체하지 못하고 눈물을 쏟지 않으려고 있는 힘을 다해야 했다. 의연한 모습을 보이기로 마음을 굳게 먹었지만, 할머니에게 작별인사를 하는 것은 그 어떤 일보다 힘든 일이었다.

그것이 내가 마지막으로 본 할머니의 생전 모습이었다. 할머니는 일주일쯤 뒤에 돌아가셨고, 할아버지는 장례식에서 추도사를 하겠냐고 내게 물었다. 내가 어떻게 거절할 수 있었겠는가? 나는 할머니를 기리고 싶었다. 그날이 마치 어제처럼 기억난다. 교회를 가득 메운 사람들 앞에 서서 할머니가 얼마나 놀라운 분이었는지를 이야기하면서 나는 흐르는 눈물을 주체할 수 없었다. 내가 사람들 앞에서 절대 보이지 않는 모습이었다.

할머니가 내게 가르쳐준 가장 중요한 교훈은, 자신을 응원해주는 누군가가 필요하다는 것이다. 나의 할머니는 언제나 나를 축하해주고 기운을 북돋아주는 유일한 사람이었다. 요즘도 할머니에게 좋은 소식을 들려주기 위해 전화기를 드는 나를 발견한다. 나는 자주 할머니가 그립다. 나는 할머니가 가르쳐주었던 것을 계속해서 실천하고 싶다. 주변 사람들이 훌륭한 일을 하고 있으면 칭찬해주고 싶다. 그들이 이 세상에서 얼마나 중요한 존재인지, 내가 얼마나 그들을 믿고 있는지, 얼마나 아끼는지 알게 해주고 싶다. 우리 할머니가 나를 위해 해준 일이 바로 그것이기 때문이다.

아이들을 응원하라

나(애덤)의 네 살배기 딸 그레타는 구름사다리에서 노는 것을 좋아한다. 우리는 더 많은 구름사다리에 도전해보기 위해 항상 새로운 공원을 찾아다닌다. 어느 날 아침 내 친구의 학교에 갔다. 그곳에는 엄청나게 긴 구름사다리가 있었다. 딸아이는 운동장 맞은편에서 그 구름사다리를 발견하고는 자전거를 타고 가까이 갔다.

"아빠, 저 구름사다리 타보고 싶어!"

"좋아, 해보자."

딸아이는 사다리에 올라갔다.

"아빠, 나 무서워. 못하겠어. 계속 다리 잡고 있어."

"아니야, 그레타. 넌 할 수 있어. 가자!"

"못 하겠어..."

"아니야, 할 수 있어! 이제 해보는 거야!"

그리고 딸아이는 해냈다! 온전히 혼자 힘으로—내 응원을 받고서! 그 아이의 기분이 어땠을까? 힘이 생기고, 자신감이 넘치고, 특별하고, 뿌듯했을 것이다. 무엇이든 다 도전해볼 수 있을 것 같은 기분이었을 것이다.

그 아이에게 필요한 오직 한 가지는 치어리더였다.

성공하지 못하는 것은 실패에 대한 두려움 때문이라기보다는 격려의 부족 때문이 아닐까 싶다. 우리는 서로가 필요하다. 어느 누구도 혼자서 해낼 수는 없다.

우리는 아이들을 믿어줘야 한다!

우리는 아이들을 격려해야 한다!

우리는 동료들을 추동해야 한다!

주변 사람들을 격려해야 한다!

자기 자신을 믿고, 또한 서로를 독려한다면 우리는 훨씬 더 잘 해낼 수 있다!

우리에게는 매일 우리의 삶 속으로 걸어 들어오는 아이들의 기를 죽일 수도, 반대로 살릴 수도 있는 힘이 있다. 슬프게도 우리가 돌보는 아이들 중 너무도 많은 아이들이 우리가 진심으로 그들에게 관심을 가지고 있다고 믿지 않는다.

학생들은 당신을 감정적으로 몰아붙일 것이고, 당신에게 대들 것이고, 당신을 시험할 것이다. 왜 그럴까? 그 아이들은 살면서 실망을 거듭해왔기 때문에 당신을 충분히 세게 몰아붙이면 당신 역시 떠나버리고 자기들을 포기할 거라고 생각하기 때문이다. 부디 그 아이들을 포기하지 마라! 아이들을 지켜주고, 칭찬하고, 조건 없이 사랑하라. 아이들의 치어리더가 되어주어라. 모든 아이들은 자격이 있다!

우리에게는 매일 우리의 삶 속으로 걸어 들어오는
아이들의 기를 죽일 수도, 반대로 살릴 수도 있는 힘이 있다.

✖ 생각해보고 의견을 나눌 주제들 ✖

1 어린 시절 당신의 치어리더는 누구였나요?
2 당신의 말과 행동으로 누구에게 긍정적인 영향을 주었나요?
3 우리가 중요한 영향을 미치고 있다는 것을 어떻게 확신할 수 있을까요?

#KidsDeserveIt

11장 당신은 어떤 메시지를 보내고 있는가?

우리가 말하는 내용, 우리가 하는 행동, 우리의 태도는 어떤 메시지를 보낸다. 워낙 미묘한 메시지여서 우리는 그것을 인식하지 못할 수도 있다. 또는 너무 흔하게 나타나서 습관이 되기도 한다. 예를 들어보자. 어떤 학생이나 동료를 복도에서 보고 부정적인 생각을 하면 신체 언어는 메시지를 보낸다. 또는 습관적으로 불평하는 사람들과 직원휴게실에서 점심을 먹을 때 자신도 덩달아 부정적인 대화에 동참하는 경우가 있다. 맞장구를 치는 건 문제가 안 된다고 생각할 수도 있다. 이렇게 합리화할지도 모른다. 말 몇 마디 한다고 누가 다치기야 하겠어? 여기 있는 사람들 다 불평하고 있잖아. 그러나 그 대화에서 말을 보태는 것 역시 메시지를 보낸다.

우리도 이따금 '불평 모드'에 빠지기도 한다. 그러나 우리가 진심으로 노력하고 있는 한 가지는, 우리에게 진실을 말해주고 우리가 태도를 바꿔야 할 때를 알려줄 사람들을 주변에 많이 두는 것이다.

우리 말을 오해하지 말기 바란다. 누구에게나 감정을 그저 '발산'할 필요가 있는 정말로 힘든 날들이 있다. 가슴에 쌓인 것들을 털어버려야 하는 날들 말이다. 그건 괜찮다! 단, 감정을 발산할 때는 상대의 말을 잘 들어주고 균형 있는 관점을 제시해줄 수 있는 가까운 사람들에게 해야 한다.

사람들은 가장 많은 시간을 함께 보내는 사람들을 닮아 가게 된다. 그러니 자기 주변에 어떤 사람들이 있는지 잘 살펴보라. 당신이 해결책은 제시하지 않은 채 문제점만을 찾기 시작할 때 제대로 된 사람들이라면 당신의 행동을 지적하는 것을 두려워하지 않을 것이다. 당신이 부정적인 생각에 빠져 있을 때 따끔한 충고를 해주고, 긍정적인 측면을 찾을 수 있게 도와줄 사람들을 곁에 두어라.

학교와 교실의 리더들은 그들이 속한 곳의 분위기를 좌우한다. 부정적이고 불평하는 태도가 보이면 구성원들은 재빨리 알아차린다. 그것은 분위기를 망치고, 사람들을 맥 빠지게 만들며, 무엇보다도 사람들을 밀어낸다. 우리는 모범을 보여야 한다.

누군가는 우리의 모든 행동을 지켜보고 우리가 하는 모든 말을 듣고 있다. 바로 그렇기 때문에 몸짓 언어와 선택, 말을 통해 자신이 보내고 있는 메시지가 어떤 것인지 아는 것이 매우 중요하다.

불평하고 징징거리고 잘못된 것들을 일일이 지적하는 것은 너무나 쉽다. 그러나 만약 우리가 다른 메시지를 보내면 어떨까? 자신이 통제할 수 있는 것에 집중한다면 어떨까? 남을 헐뜯기보다는 칭찬하는 데 더 많은 시간을 보내면 어떨까? 잘못된 일들에 대해 불평만 할 것이 아니라 해결책을 찾아보면 어떨까? 찬찬히 상황을 살펴보고 근본적인 문제를 파악하는 일에 시간을 투자한다면 어떨까?

시간을 내어 누군가의 의견과 경험, 이야기를 진정으로 경청하고 이해하는 것은 그 사람이 겪어 온 일들이 중요하고 의미가 있다고 말해주는 것과 같다. 우리의 생활과 세상이 너무나 빨리 움직이기 때문에 우리는 하던 일을 멈추고 차분히 앉아서 듣는 시간을 가져야 한다는 것을 쉽게 잊어버린다. 사람들에게—동료와 학생들에게—그들의 세상 속으로 당신을 들여보내줄 기회를 주어라.

당신은 어떤 메시지를 보내고 있는가? 당신은 아이들이 못할 거라고 생각해도 아이들은 당신의 메시지를 보고 듣고 느낄 수 있다. 아무 말도 하지 않고 있을 때도 메시지를 알아차린다. 아무 말 없이 묵묵히 옆에 서 있는 것 또한 강력한 메시지를 전달한다.

의미 있는 메시지를 보내라. 긍정적인 메시지를 보내라. 학생을 중심에 놓는 메시지를 보내라. 성장과 배움에 관한 메시지, 훌륭함을 칭찬하는 메시지를 보내라!

긍정적인 메시지를 보내라. 당신의 아이들은 그럴 자격이 있다!

잘못된 일들에 대해 불평만 할 것이 아니라 해결책을
찾아보면 어떨까?

---

1 사람들에게 들은 부정적인 말들을 어떻게 하면 긍정적인 메시지로 바꿀 수 있을까요?

2 긍정적인 메시지를 보내는 사람들을 어떻게 칭찬하고 인정해줄 수 있을까요?

3 다른 사람의 부정적인 메시지에 휩쓸리지 않기 위해 어떻게 하고 있나요?

#KidsDeserveIt

12장 괴롭히는 사람에 관한 진실

요즘 교육계에서 괴롭힘에 관한 소식이 끊이지 않고 들려온다. 그러나 괴롭힘이 시작된 게 최근의 일은 아니다. 아마 누구나 아이였을 때 어떤 식으로든 괴롭힘을 당해본 기억이 있을 것이다. 체구 때문이었든, 친구, 과외활동, 성격, 목소리, 그 밖의 어떤 이유에서든 우리는 누구나 괴롭힘을 당해본 경험이 있다.

어린 시절 놀림을 당했을 때 어떤 기분이었는지 기억하는가? 우리는 기억한다. 급기야 괴롭힌 아이들의 말이 진실처럼 들리는 지경에 이르는 것이 어떤 것인지 기억한다. 돌이켜 생각해보고 자신에 관한 그 나쁜 말들이 결코 사실이 아니라는 것을 깨닫기까지는 시간이 걸릴 수 있다. 그런 말들이 괴롭히는 아이의 내면의 상처에서 비롯되었다는 것을 깨닫는 것은 더더욱 어려울 것이다.

괴롭히는 사람이 어른일 때

나(토드)는 관리자가 되기 전까지는 어른이 된 이후에 괴롭힘을 당해 본 적이 없었다. 물론 교사 시절에 내게 심술궂게 굴고 상처를 주고 사실이 아닌 말을 하는 사람들이 있기는 했다. 그러나 누구나 때때로 그런 일들을 겪는다. 또한 한 학교를 책임진 리더로서 내가 하는 모든 일들이 모든 사람들을 만족시킬 수는 없다는 것을 알고 있었다. 내가 어떤 선택을 하든 마음 상할 사람들이 있을 거라고 생각했다. 교사였을 때도 그랬으니 관리자가 된 상황에서는 더 많은 사람들을 실망시키게 될 거라는 것을 어느 정도 예상하고 있었다.

그런데 재밌는 것은... 그 괴롭힘이 학부모나 학생들에게서 온 것이 아니라는 점이다. 괴롭힘은 더 가까운 사람 ─ 우리 학교에서 일어나고 있는 일에 관련되었던 사람 ─ 에게서 왔다.

그 사람은 내가 그동안 들어본 가장 악의적이고 치명적인 허위 사실을 문자 메시지로 몇 번이고 계속해서 보냈다. 내가 사악하고, 기독교인이 아닌 것이 확실하며, 거짓말쟁이에 멍청하고 아무 것도 모르는 인간이며 사람들에게 피해를 준다고 했고, 훨씬 더 심한 말들도 서슴지 않았다. 내가 겪게 될 것이라고 상상도 못해본 일이었다. 심지어 내 가족들과 직원들 중 다수도 그 혼란 속으로 끌려들어가고 말았다. 정말이지 이해할 수 없는 상황이었다.

그 모든 일을 겪으면서 나는 침묵을 지키기로 다짐했다. 어떤 문자나 메시지에도 답하지 않았다. 말싸움에 말려들고 싶지 않았다. 그러나 누군가 불행한 상황에 처해 있을 때 고통이 어떻게 표출될 수 있는지 다시 한 번 생각하게 되었다. 나는 "상처를 입은 사람이 상처를 준다"는 말을 믿는다. 그리고 결국 그 괴롭힘은 멈췄다. 하룻밤 사이에 그렇게 된 것은 아니었다. 사실 거의 일 년이라는 시간이 걸렸다. 그러나 나는 말싸움에 말려들지 않고, 그 사람과의 전자 통신을 차단한 것이 그 상황에서 내릴 수 있었던 최선의 결정이라는 것을 배웠다. 이 일은 우리 학교에도 영향을 미쳤다. 우리 팀은 외부(또는 내부)의 누군가가 우리를 망치려 하는 것을 내가 허락하지 않을 것이고, 또한 그런 일에 정신을 뺏기지 않을 거라는 것을 빠르게 알아차렸다. 아이들은 우리의 집중적인 관심이 필요했다. 그래서 우리는 아이들에게 집중했다. 나는 또한 내가 어떤 괴롭힘에도 흔들리지 않고 옳은 길을 택했고, 그 경험에서 배웠다는 사실에서 마음의 평화를 얻었다.

교사들도 아이들을 괴롭힌다

나(애덤)는 교사였을 때 쉬는 시간이나 점심시간에 언제나 학생들과 어울리면서 시간을 보냈다. 운동장에서 아이들과 축구나 포스퀘어(four-square: 땅따먹기와 비슷한 공놀이—옮긴이)를 하거나 이야기를 나누었는데, 그럴 때 주변에 있던 다른 반 아이들도 우리와 함께 놀았다. 그 아이들 중에 언제나 내게 말을 걸고 하이파이브를 하면서 상당히 친해진 학생이 있었다. 나는 그 학생이 관심이 필요한 아이라는 것을 알아차렸다. 우리 반 학생이 아니었지만 나와 금방 마음이 통했다.

그 아이는 3학년 다른 반 학생이었고, 학교생활에 어려움을 겪고 있었다. 그 아이의 선생님은 항상 그 애에게 호통을 치고 교실 밖으로 내보냈다. 내 생각에 그 선생님은 아이를 괴롭히고 있었다. 나는 그 선생님의 대우가 부당하다고 생각했기 때문에 그 아이 편을 들어주고 싶었다. 교육자는 어떤 아이도 함부로 대해서는 안 되는 것이다.

5월에 교장 선생님이 다음 해에 3학년과 4학년 합반을 한 반 만들 계획이라면서 그 반을 가르칠 자원자가 있는지 물었다. 손을 드는 사람이 아무도 없었다. 회의가 끝나고 나서 나는 교장 선생님에게 그 반을 맡겠다고 했다. 교장 선생님은 무척 기뻐했다. 나는 한 가지 조건을 내걸었다. 그 학생을 우리 반에 배정하는 것이었다. 만약 그 아이가 우리 반으로 배정되지 않는다면 합반을 맡지 않겠다고 했다.

시간이 흘러 다음 해에 학부모와 교사가 처음으로 만나는 자리가 있었다. 나는 늘 그 자리에 학생도 참석하게 했기 때문에 그 아이도 있었다. 나는 아이의 어머니와 아버지에게 그 아이가 얼마나 훌륭한지, 아이의 아이디어와 에너지, 열정을 내가 얼마나 좋아하는지를 말했다. 아이의 어머니는 우리가 보는 앞에서 울기 시작했다.

학부모와 교사만 이야기를 나눌 수 있도록 아이를 밖으로 내보낼 시간이 되었을 때 아이는 기쁨으로 환하게 빛나고 있었다. 분명히 이전의 학부모와의 만남은 이런 식으로 진행된 적이 없었을 것이다. 개인적으로 나는 학부모와 교사가 만나는 모든 자리에는 아이들을 칭찬하고 장점을 말해주는 시간을 포함해야 한다고 생각한다. 결국 핵심은, 아이들의 장점을 최대한 살려주는 것—죽이는 것이 아니라—이다.

학부모와 교사가 만나는 모든 자리에는 아이들을 칭찬하고 장점을 말해주는 시간이 포함되어야 한다.

아이가 밖으로 나가고 나서 나는 아이의 부모님에게 일부러 아이를 내 반으로 배정하게 했다고—그 아이를 데려와서 보살피고 싶었기 때문에 그것을 조건으로 내걸었다고—말했다. 그분들은 내 말을 믿지 못하는 것 같았지만, 나는 그런 일—아이들이 잘 성장할 수 있게 돕는 일—을 하려고 교육자가 된 거라고 말했다.

몇 년 뒤에 그 학생이 나를 찾아왔다. 고등학교 졸업반인 아이는 지원한 대학에서 소식이 오기를 기다리고 있는 중이었다. 이번에 눈물을 흘린 사람은 나였다. 아이들이 훌륭하게 자란 모습을 보는 것이야말로 내가 교육자로 사는 보람이다. 우리는 아이들을 격려하고 지지하고 모든 잠재력을 개발할 수 있게 도와야 한다!

우리가 이 장을 쓴 것은 우리의 고통을 나누기 위함이 아니라, 이 글을 읽으면서 당신이 사람들에게 하는 말, 사람들에게 보내는 문자 메시지, 사람들에 관해 쓰는 글에 대해 생각해보기를 바라는 마음에서다. 우리는 누구나 타인들에게서 상처를 받지만, 남들을 공격하고 비난하면서 고통을 지속시킬 필요는 없다. 아무리 의지가 굳건한 사람이라도 무시하고 비하하는 말을 듣다보면 결국에는 자신의 가치를 의심하기 시작할 것이다. 우리도 겪어 보았다. 우리의 가치를 의심하고 우리가 하고 있는 일을 의심하기도 했었다. 우리는 오랜 시간 괴롭힘을 당하고 욕도 먹었다. 그게 어떤 기분인지 안다. 그로 인해 남은 상처 자국이 오래 간다는 것도 알고 있다.

우리는 자신이 받는 메시지가 자신을 규정하도록 그냥 내버려둘 수도 있지만, 그렇게 되지 않도록 자기를 알고 진심으로 아끼는 사람들을 주변에 둘 수도 있다는 것을 배웠다. 괴롭힘을 겪어내는 것은 쉽지 않다. 그 상처는 완벽하게 치유되지 않는다. 그러나 그 경험을 통해 배울 수 있다. 우리가 배운 가장 큰 교훈 중 하나는 결국에는 언제나 사랑이 증오를 이길 것이기 때문에 끊임없이 사랑을 보여주는 것이다. 괴롭힘을 당한 고통을 크게 줄여주는 또 한 가지는 용서다. 우리는 자주 아낌없이 용서하는 법을 배웠다. 우리는 그동안 분에 넘치는 용서를 받아왔다. 그러니 우리에게 상처를 준 이들을 어떻게 용서하지 않을 수 있겠는가? 용서해야 한다. 용서는 우리를 아프게 한 사람을 자유롭게 하는 것이 아니라 우리 자신을 자유롭게 하는 것이다.

우리는 아이들을 격려하고 지지하고
모든 잠재력을
개발할 수 있게 도와야 한다!

---

1 누군가가 당신에게, 또는 당신에 관해 한 말 때문에 아직도 마음에 남아 있는 상처나 믿음은 무엇인가요?

2 용서를 통한 자유를 경험한 적이 있나요? 용서가 어떤 도움이 되었나요?

3 화가 나거나 상처를 받은 상황에서 어떤 식으로 사랑이나 회복력을 보여주었나요?

4 괴롭힘과 관련된 개인적인 교훈을 아이들을 가르칠 때 어떻게 이용할 수 있을까요?

#KidsDeserveIt

13장 방망이를
아이들에게 쥐여주라

- 유치원생들은 글을 쓰지 못해.

- 그 아이들은 코딩을 배우기에는 너무 어려.

- 5학년 학생들에게 트위터 하는 법을 가르쳐서 뭐하게?

- 1학년 학생들이 블로그를 한다고? 그 애들은 철자법도 정확히 모른다고!

- 그런 사이트는 차단해야 해 — 애들이 나쁜 짓을 할 거야.

- 선생님이 가르치는 학생들은 그런 걸 할 수 있을지 모르지만 내가 기르치는 학생들은 못해요.

- 나는 그런 도구들이 불편해. 내 학생들이 그런 도구들을 사용해야 할 필요는 없어.

- 그 아이는 책도 읽을 줄 모른다고! 그런 애가 회로판을 만드는 데 관심을 가지겠어?

- 아이들을 데리고 나가서 야외 수업을 할 수는 없어. 아이들은 적절

한 환경에 있어야 해.

- 아이들에게 아이패드를 주면 망가뜨릴지도 몰라.
- 처음부터 끝까지 강의식으로 수업을 진행하지 않는다면 아이들은 그 시험에 통과하기 위해 필요한 정확한 전략을 배우지 못할 거야.

평계 대기. 불신. 한계 긋기.

대개의 경우 학생들의 능력에 한계를 긋는 사람은 학생들 자신이 아니라 바로 우리다. 학생들이 무엇을 감당할 수 있고 무엇을 감당할 수 없는지 우리가 판단하고 있다. 학생들의 능력으로 할 수 있는 일이 무엇인지도 우리가 정하고 있다.

코딩coding을 시작했다

나(애덤)는 4년 전에 코딩(컴퓨터 언어를 사용해 프로그램을 만드는 일—옮긴이) 수업을 시작했다. 코딩 교육의 열풍이 거세게 불던 때도 아니었다. 그 수업은 하나의 아이디어에서 시작되었다. 아이들에게 코드 작성을 접하게 해보고 과연 아이들이 어디까지 할 수 있는지 보고 싶은 생각이었다. 아이들이 그 활동을 해낼 수 있을까?

나는 서둘러 구글 설문지(Google Form: 구글 문서도구의 설문조사 서비스—옮긴이)를 만들어서 우리 학교 온라인 커뮤니티에 공유했다. 일주일에 하루, 아침 7시에 컴퓨터실에 모이는 수업을 신청할 아이들이 과연 있을지 확신하지 못했다. 너무나 기쁘게도 28명의 학생들이 수업을 신청했다. 솔직히 말하면 내가 뭘 하고 하는 건지도 사실 몰랐다. 그러나 아이들이 나와 함께 배운다는 것에 대단히 들떠 있다는 것은 분명히 알았다. 내가 실제로 한 일은 아이들에게 접근 기회를 제공하고 격려해준 것뿐이었다.

몇 년이 지난 지금은 코딩 수업이 없었다면 우리 학교가 어땠을지 상상하기 어렵다. 코딩 수업은 그저 시작일 뿐이다. 미래 지향적인 사고, 혁신하려는 마음가짐의 시작이다. 코딩 수업에서 중요한 것은 컴퓨터가 아니다. 그 수업의 목적은 아이들에게 현시대에 맞는 아이디어와 프로젝트에 접근할 기회를 주는 것이다. 자신이 무엇을 해낼 수 있는지 볼 수 있도록 아이들을 위해 문을 열어주는 것이다.

교내에 코딩 동아리나 팀을 만들고, 배움과 탐구에 대한 사랑에 불을 붙여라!

믿어주고 기회를 주어라

아이들의 한계를 정하는 것을 그만두고 아이들의 손에 방망이를 쥐여준다면 아이들이 무엇을 할 수 있을지 상상해보라. 우리의 지도와 지원을 받아 아이들은 어떤 일을 시도하든 멋지게 홈런을 칠 것이다. 그러나 시도할 기회조차 주지 않는다면 아이들이 실제로 무엇을 할 수 있는지 우리는 결코 알지 못할 것이다.

우리는 아이들의 가능성을 믿어야 한다─그리고 도전할 기회를 주어야 한다. 아이들 앞의 경계를 없애고 가능한 모든 문을 열어주어야 한다. 아이들이 목소리를 낼 기회를 주어야 하고, 선수 대기석에서 나와서 경기장에 서게 해야 한다. 어떤 일은 할 수 없을 거라고 가정하지 말고, 무엇을 해낼 수 있는지 지켜보아야 한다.

어른들이 하는 "안 돼" "못해" "해서는 안 돼" "못할 거야" "넌 아직 어려" 같은 말 때문에 얼마나 많은 잠재력이 발현되지 못했을까? 단지 어른들이 시간을 내어 아이들의 말에 귀를 기울이지 않아서 꽃피우지 못한 잠재력은 또 얼마나 많을까? 성경 「티모테오에게 보낸 첫째 서간」 4장 12절에서는 다음과 같이 말한다. "젊다는 이유로 남에게 멸시를 당하지 말고 도리어 말에나 행실에나 사랑에나 믿음에나 순결에 있어서 신도들의 모범이 되시오."

우리는 아이들 앞의 경계를 없애는 일을 해야 한다.

교육자들은 "안 돼" "못해" "해서는 안 돼" "못할 거야" "넌 아직 어려" 같은 말들을 거부해야 하고, 언제나 아이들의 말에 귀를 기울어야 한다. 우리는 학생들을 위한 최선의 것을 원해야 한다. 그러기 위해 때로는 아이들에게 권한을 넘겨주고, 우리 손에 있는 방망이를 가져다가 아이들의 손에 쥐여주어야 한다. 아이들에게 홈런을 칠 기회를 주어라. 아이들은 그럴 자격이 있다.

1 아이들이 각자의 잠재력을 온전히 발휘할 수 있도록 어떻게 문을 열어 줄 수 있을까요?

2 아이들이 스스로 해낼 방법을 찾을 거라고 믿고서, 저학년 교실에서 변형해서 적용할 수 있는 고학년 수준의 활동에는 어떤 것들이 있을까요?

3 학교의 리더들이 아이들에게 권한을 주는 것을 지지하지 않는다면 무엇을 할 수 있을까요?

#KidsDeserveIt

14장 당신은 알지 못한다

누구에게나 저마다 사연이 있다. 어떤 사연들은 다른 이들의 이야기보다 더 길고, 상심과 고통으로 가득 차 있다. 어떤 이야기는 사랑과 특권으로 가득 차 있다. 우리 모두에게는 들려줄 이야기가 있다. 우리는 감정과 개성, 희망과 꿈으로 가득 차 있고, 대개는 남들이 전혀 알지 못하는 전쟁을 치르고 있다.

우리 학생들도 분명 그럴 것이다. 매일 아침 우리 곁을 지나가는 학생들 중 얼마나 많은 아이들이 등교하기 고작 10분 전에 혼란으로 가득 찬 집에서 나왔을까? 아니면 전날 밤에, 또는 지난 2주 사이에 혼란스러운 상황을 겪은 아이들은 얼마나 많을까? 부모가 큰소리로 싸우거나 이혼한 상황에 처한 학생들은 또 얼마나 있을까? 잠을 잘 자지 못한 아이들도 있고, 집이나 학교에서 느끼는 압박감에 스트레스를 받고 있는 아이들도 있을 것이다. 어쩌면 부모가 일 때문에 다른 지역에 가 있어서 가족을 그리워하고 있을지도 모른다. 형제나 자매와

싸웠을지도 모른다.

또 어떤 아이들은 학교에서 유대감을 느끼지 못한다. 교우관계에 어려움을 겪고 있다. 친구가 한 명도 없다. 학교 공부가 너무 어렵다. 학교 공부가 너무 쉽다. 아이들이 심술궂게 대한다. 선생님들도 그다지 잘해주지 않는다.

아침밥을 먹지 않았다. 아침밥 또는 전날 저녁밥을 굶었다. 특별한 도움이 필요한 형제나 자매가 있어서 힘들다. 학교 친구들과 다른 외모 때문에 때때로 소외감을 느낀다. 아무도 나한테 관심이 없는 것 같다. 전날 가족을 위해 식사 준비를 해야 해서 숙제를 끝내지 못했다. 매일 아침 가장 먼저 일어나 형제자매를 준비시켜야 한다. 전기가 또 나갔다. 수돗물도 나오지 않는다. 또 거리에 총격이 발생했다. 집에는 깨끗한 옷이 없다. 아빠가 다시 집을 나갔다. 엄마도 다시 나갔다. 가장 아끼는 애완동물이 죽었다. 부모님이 나보고 멍청하다고 말했다.

그리고 복도를 걷고 있는데, 아는 척 해주는 사람이 한 사람도 없다면 어떨까?

매일 아침 우리 곁을 지나가는 학생들 중
얼마나 많은 아이들이 등교하기 고작 10분 전에
혼란으로 가득 찬 집에서 나왔을까?

다른 이들을 따뜻하게 대해주고 알아봐 주는 것이 교육자인 우리의 책무이다. 그것에 더해 아이들과 이야기를 나누고, 아이들의 말을 경청하고, 필요하면 함께 바닥에 앉기도 하고, 같이 점심을 먹는 것은 우리의 영예이다. 아이들이나 학부모들과 연결되는 것, 그들을 만나는 것, 학생들이 목소리를 낼 기회를 만들어 주는 것, 그 목소리를 크게 키우는 것, 이런 것들은 우리의 기쁨이다. 아이들을 보살피고 그 아이들이 이 세상에 얼마나 중요한 존재인지를 보여주고, 아이들의 자신감을 높여주고, 모든 아이들이 자신이 훌륭한 사람이라는 느낌을 갖게 하는 것은 우리의 특권이다. 우리의 일은 성적 자료가 아니라 아이들에게 집중하는 것이고, 언제나 좋은 교육자가 되어주는 것이다. 애초에 우리가 교직에 들어온 이유를 기억한다면 이 모든 일들을 할 수 있다.

우리는 학생들과 의도적이고 긍정적인 소통을 해야 한다. 그 아이들이 어떤 일을 겪고 있는지 알지 못하기 때문이다─또한 그러한 소통이 언제 또는 어떻게 아이들의 삶에 긍정적인 변화를 만들어낼지 알지 못하기 때문이다.

학생들뿐 아니라 다른 사람들과도 이런 노력을 할 수 있다. 만약 학교의 모든 어른들이 좀 더 의도적으로 서로를 알아봐주고 가치를 인정해준다면 학교에 어떤 긍정적인 변화가 있을지 상상해보라. 모두가 자신이 중요한 일원이라는 것을 안다면 어떤 기분일지 생각해보라.

우리 두 사람은 학교에서 마주치는 모든 이들에게 "안녕하세요" 하고 인사를 건네는 것의 무한한 힘을 체험했다. 미소를 짓는 것, 시간을 내어 학생에게 어떤 하루를 보냈는지 물어보는 것의 힘을 체험했다. 더 중요하게는, 시간을 내어 학생들의 대답을 경청하는 것의 힘을 체험했다.

단순한 말 한마디와 행동에 어떤 힘이 있을지 우리는 알지 못한다. 커다란 호수에 던져진 아주 작은 돌멩이도 수천 미터를 퍼져 나가는 잔물결을 일으킨다. 우리의 영향력, 우리의 힘이 미치는 범위, 우리의 잠재력을 과소평가해서는 안 된다. 다른 이들의 말을 경청해야 하고, 긍정적인 태도를 가져야 하며, 자신이 대우받고 싶은 대로 모든 이들을 대해야 한다는 것을 기억해야 한다. 한층 더 노력하라. 아이들도 이득을 볼 것이고, 교사들도 이득을 볼 것이고, 가족들도 이득을 볼 것이다!

애덤의 사무실에는 우리와 교사, 학부모와 학생들이 매일 되새기면 좋을 글귀가 걸려 있다. "열심히 일하라. 그리고 사람들에게 친절하게 대하라." 그러나 우리는 그 문장에 보탤 말이 있다고 생각한다. 그 글귀에는 이 말도 들어가야 한다. "왜냐하면, 모르는 일이니까!"

✖ 생각해보고 의견을 나눌 주제들 ✖

1 다른 사람의 관심을 받는 것에 어떤 힘이 있는지 직접 체험한 적이 있

나요? 어떤 기분이었나요? 그로 인해 어떤 변화가 있었나요?

2 누군가에게 시간을 투자한 경험을 나눠보고, '잔물결'을 느껴보세요.

3 오늘 시간을 내어 함께 일하는 누군가의 기운을 북돋아주세요. 기운을 북돋우는 창의적인 방법을 공유해보세요.

#KidsDeserveIt

15장 사람들이 알아주었으면 하는 것들

누구에게나 다른 사람들이 모르는 사연이 있는 것처럼, 사람들이 알아주었으면 하는 사연도 있다. 누구에게나 사연이 있다. 더 많은 사람들이 알아줬으면 하는 부분이 있다. 우리는 사람들에게 목소리를 낼 기회를 주는 것에 힘이 있다고 믿는다. 그래서 전 세계 곳곳의 관리자, 교사, 학부모, 학생들에게 목소리를 낼 기회를 주었다. 최대한 다양한 반응을 수집하기 위해 이메일, 블로그, 트위터, 페이스북 등의 소셜 미디어를 통해 구글 설문지를 보냈다. 우리는 다음과 같은 간단한 질문을 했다. 당신의 역할에 대해 더 많은 사람들이 알아주었으면 하는 것은 무엇인가요?

공감 가는 대답이 많았고, 가슴 찡한 대답도 있었다.

아이들의 대답

선생님들이 알아주었으면 하는 것

- 나는 또래 친구들과 어울리기 위해서라면 무엇이든 할 것이다. 그렇지만 여전히 우리 선생님이 나를 좋아해줬으면 좋겠다.
- 우리 중에는 수업 시간에 핸드폰만 들여다보는 애들도 있다. 수업이 제공해주지 않는 안전한 공간을 온라인으로 연결되어 있는 사람들이 제공해주기 때문이다.
- 우리는 말로 놀리는 것이나 물리적 수단을 쓰는 것보다 키득거리거나 낄낄대기, 눈살 찌푸리기 등으로 더 많은 괴롭힘을 받는다. 그런 것들을 멈추기 위해 선생님들이 할 수 있는 일은 많지 않다. 그렇지만 눈을 내리 깔고 주변의 소리가 들리지 않도록 쾅쾅 울리는 음악을 헤드폰으로 듣고 돌아다니는 나 같은 학생들을 도와줄 수는 있다.
- 내 이야기. 선생님이 물어보기만 하면 기꺼이 말해줄 것이다.
- 선생님이 우리 선생님이어서 얼마나 좋은지.
- 아슬아슬하게라도 합격점을 받기 위해 내가 얼마나 노력하는지.
- 내 이름을 발음하는 방법.
- 선생님이 우리와 가족처럼 가깝게 지내면 좋겠다.
- 집안 문제에 대해 생각하고 있을 때는 학교를 우선시하기 어려울 수 있다. 제발 이해해주었으면 좋겠다.
- 내가 여동생을 얼마나 보고 싶어 하는지. 가끔은 정말 슬프다. 온종일 슬플 때도 있다.
- 이 교실이 내가 안전하다고 느끼는 유일한 장소라는 거.

- 우리들 중 많은 아이들이 힘든 시간을 겪고 있다는 것.
- 우리에게는 끊임없는 응원이 필요하다는 것.
- 우리도 선생님만큼이나 바쁜 일정을 소화하고 있다는 걸 알아주었으면 좋겠다.
- 종교나 피부색, 인종과 상관없이 모든 아이들이 특별하다는 사실.

학부모들의 대답

선생님들이 알아주었으면 하는 것

- 선생님이 내 아이에 대해—어떤 행동을 하는 이유가 무엇인지, 어떤 일에 신나하는지, 어떨 때 슬퍼하는지—알고 싶어 한다는 것이 내겐 정말 큰 의미라는 것.
- 아이의 성장 환경—두 형이 끝내 병원에서 집으로 돌아오지 못했던 일이나, 아이의 아버지가 여기저기 돌아다니며 일을 해야 하는 상황 등—과 이 정보를 아이와의 상담에 적용할 방법.
- 내 아이가 나의 전부라는 것. 그리고 그 아이가 길을 잃고 헤맨다면 선생님이 성경 말씀처럼 양 떼를 들에 두고 길 잃은 한 마리 양을 찾아 나설 거라고 기대한다는 것.
- 내가 선생님을 지지한다는 사실. 특히 선생님이 내 아이를 지지하고 있을 때는.
- 내 아이를 아는 데는 정말로 시간이 걸린다는 것. 그 아이를 알게 되면서 내 삶이 바뀌었다는 것.

- 나는 숙제가 무섭다. 직장에서 긴 하루를 보내고 집에 와서 내 아이와 단란한 시간을 보내고 싶다. 아이와 책을 읽거나 뒤떨어진 공부를 보충하게 도와주거나 요리를 가르쳐주거나 우리가 정한 학습 활동을 함께 하고 싶다. 그런데 매일 저녁 몇 시간씩 쓸데없는 일을 하면서 싸우고 있다. 선생님이 올해 내준 숙제가 나와 아이의 관계를 망치고 있다는 것을 알아주었으면 한다. 매일 저녁 숙제하는 시간을 기다릴 수 있게 되면 좋겠다.

- 내 아이는 그저 단순한 'ADHD(주의력결핍 과잉행동장애) 아동'이 아니다. 그 애는 영리하고 창의적이고 놀랍다. 몸이 따라갈 수 없을 만큼 두뇌가 빠르게 움직이는 것뿐이다. 꼬리표 하나로 규정할 수 없는 아이이다.

- 생활에 치여 내가 아이의 첫 번째 선생님이 되어주지 못하는 때가 있다. 나는 모든 면에서 아이를 가르치는 것이 내 책임이라는 것을 안다. 그러나 때로 가르칠 수 있는 순간을 붙잡지 못한다. 가르쳐야 하는 바로 그 순간에는 그 생각이 떠오르지 않기 때문이다.

- 나는 아이에게 예의범절을 가르치고는 있지만, 가끔 아이가 말을 잘 안 들을 때도 있다. 나는 나쁜 부모가 아니고, 아이도 나쁜 아이는 아니다. 그 아이는 실수도 하고, 주의 지속 시간이 우리보다 짧다.

- 나는 선생님들이 내 아이의 삶에 지식을 심어주기 위해 애를 쓰고, 아이가 더 나은 사람이 되도록 격려해주시는 것을 잘 알고, 감사하

고 있다. 선생님들이 매일 내 아이와 어떤 활동을 하는지 우리에게 알려주는 것은 정말 큰 도움이 된다.

- 남들보다 더 열심히 일하는 교사와 직원을 알아볼 수 있다는 것.
- 다른 여자 아이들이 내 아이의 자신감을 지속적으로 갉아먹는 바람에 아이가 매일 기가 죽어 집에 올 때 내 기분이 어떤지. 우리는 아이의 잘못이 아니라는 걸 이해시키려고 갖은 노력을 다하지만 아이가 받는 고통은 너무나 크다.

교사들의 대답

학부모들이 알아주었으면 하는 것

- 나는 매일, 매주, 매달, 매년 모든 학생들이 학업이나 사회성, 감정 표현 등에서 성장하도록 돕기 위해 최선을 다하고 있다. 때로는 나의 그런 노력이 충분하지 않다는 생각도 든다.
- 나는 한밤중에 깨어나 학생을 도울 방법을 생각하기도 한다.
- 나는 정말 교사가 되고 싶었다. 누군가의 농담처럼 '더 잘 할 수 있는 일이 생각나지 않아서' 또는 '더 좋은 일을 할 만큼 똑똑하지 않아서' 교사가 된 것은 아니다.
- 내가 가르치는 120명의 아이들이 빛을 발하고 성장하고 성공할 기회를 갖게 하는 일에 시간을 투자하느라 정작 나 자신의 가족들과는 많은 시간을 보내지 못하고 있다는 사실.
- 나는 내 학생들이 용감하고 대담해지기를, 새로운 것들을 시도하

기를 바란다. 실수하는 것을 두려워하지 않기를 바란다. 아이들의 용감한 행동은 다른 이들 또한 새로운 일을 시도할 용기를 줄 수 있기 때문이다. 실수를 해도 괜찮다는 것, 실수를 통해 배울 수 있다는 것을 알게 해준다.

- 우리는 우리 학생들과 가족이 되었다. 우리 모두는 정말로 힘든 이 일에 함께 참여하고 있다. 웃을 때도 있고 가끔은 포기하고 싶을 때도 있다. 그러나 우리는 한 팀이다.

- 가장 중요한 것: 내 학생들을 내가 얼마나 진심으로 사랑하는지.

  · 나는 학생 안에 지식의 불이 켜지는 순간을 사랑한다.

  · 나는 별반 관심이 없는 학생을 사랑한다. 내가 달라지게 할 수 있다는 것을 알기 때문이다.

  · 나는 지루해 하는 학생을 사랑한다. 내가 그 아이의 관심을 끌 수 있다는 것을 알기 때문이다.

  · 나는 열정적인 학생을 사랑한다. 내가 그 학생의 배우고자 하는 열의에 불을 붙일 수 있다는 것을 알기 때문이다.

  · 나는 교육 방식의 많은 부분을 조절해야 하는 학생을 사랑한다. 문제를 극복할 방법을 찾을 수 있다는 것을 알기 때문이다.

  · 나는 훈육 문제가 있는 학생을 사랑한다. 그 학생이 원하는 것은 자기 말을 들어주고 이해해주는 것이라는 것을 알기 때문이다.

  · 나는 아이들을 내 아이처럼 사랑한다. 아이들을 타인을 사랑하는 평생 학습자로 키우는 것 말고는 바라는 것이 없다.

- 나는 내가 가르치는 학생 모두를 사랑한다. 내가 아이였던 시절을 아직도 기억한다. 아이였을 때 가장 중요한 것은 사랑받는 것이다. 그래서 내가 어렸을 때 사랑받기 바랐던 그대로 내 학생들을 사랑하고 존중하는 마음으로 대한다.
- 사랑은 가장 강력하고 긍정적인 감정이다. 가르치는 일을 통해 아낌없이 사랑을 줄 수 있어 나는 너무나 운이 좋다.

우리 모두는 정말로 힘든 이 일에 함께 참여하고 있다.

웃을 때도 있고, 가끔은 포기하고 싶을 때도 있다.

그러나 우리는 한 팀이다.

- 나는 새벽 2시에 잠이 깬 상태로 누워서 내가 바로잡을 수 없는 것들에 대해 고민한다. 아이들의 발전, 내 인내심의 부족, 화난 학부모가 보낸 이메일, 어제 했던 수업을 더 잘 가르칠 방법 등에 대해 생각한다. 그런 걱정은 자신감을 꺾고 속만 쓰리게 한다. 하지만 학부모들이 내가 정말 신경을 쓰고 있다는 것을 알았으면 한다.
- 아이들의 눈을 들여다볼 때 나는 내 아이를 본다. 학부모들이 아이를 학교에 보내면서 아이가 보살핌을 받고 귀하게 대접받기를 바란다는 것을 안다. 나는 매일 그렇게 하게 위해 노력한다.
- 여름에 교실이 아이들로 꽉 차 있지 않았다고 해서 우리가 여름 내내 일하지 않았던 것은 아니다. 우리는 언제나 우리 교실에 대해 생

각하고, 교실에 필요한 물품을 구매한다. 늘 우리 학생들을──5년 전에 가르친 학생들도──생각하고 그들을 위해 기도한다.

관리자들의 대답

사람들이 알아주었으면 하는 것

- 교육청 관리자들이 위험 부담 있는 새로운 아이디어를 우리 학교에서 시도할 재량권을 준다면 나는 더 큰 변화를 만들어 낼 수 있다. 모험을 하고 교실에 더 큰 혁신을 가져올 기회를 위에서 허락해 주지 않는다면, 다른 방식을 시도하고 싶어도 할 수가 없다. 또한 상급 관리자들이 변화 자체를 원치 않는다면 나는 변화를 만들어 낼 수 없다.

- 우리는 한시도 쉬지 않고 아이들에 대해──아이들의 성공과 어려움 모두에 대해──생각한다. 이따금 학생의 집에 어려운 전화를 걸어야 할 때도 있다. 하지만 우리가 포기할 거라고 사람들이 생각해도 우리는 결코 희망을 포기하지 않는다.

- 우리 일은 힘들다. 우리 일은 항상 우리가 소속된 기관의 일에 종속되어 있다. 쉬는 시간도 별로 없고, 점심 식사도 학생들이 하교하고 난 뒤에 하는 때가 많다. 우리의 하루하루는 계획한 대로 흘러가지 않는다. 하루, 한 주, 한 달, 한 해가 모두 아주 빠르게 지나간다.

- 우리는 완벽하지 않다. 우리는 우리가 가진 정보와 자원으로 할 수 있는 최선을 다한다. 우리는 더 잘하고 싶다. 더 많은 일을 하고 싶

다. 아이들에게 관심을 쏟고 있으며, 우리의 행동과 결정에 그런 마음이 반영되기를 바란다.

- 우리 일은 무척 재미있다. 세상에서 가장 좋은 직업 중 하나이다. 힘든 시기일지라도 나는 교장으로 일하는 것보다 더 즐겁게 할 만한 다른 직업을 상상할 수 없다.

- 교실에 있어도 가르칠 수 없다는 것이 정말 힘든 일이라는 사실. 우리에게도 아이들과 교류할 기회가 많이 있기는 하지만, 자신의 교실에서 학생들과 특별한 관계를 쌓아가는 것에는 무언가 특별한 것이 있다. 교사들은 그 기회를 소중히 여겨야 하고 우리가 부러워한다는 것을 알아야 한다!

- 우리 교사들에게 보답하기 위해 내가 더 많은 일을 하고 싶어 한다는 것. 교사들의 일은 대단히 가치 있는 일이다.

- 관리자로 일하는 건 때로 외로운 일이라는 것.

- 나는 일의 우선순위를 잘 정하기 위해 최선을 다하고 있다. 발전하기 위해 노력하고 있고 매달 매 학기 향상되고 있다.

- 나는 교사들이 매일 어떤 일들을 할 수 있는지를 보며 경외감을 느낀다.

- 나는 지난 3년 동안 잠을 푹 잔 적이 거의 없었다. 머릿속에는 내가 할 수 있는 일, 했어야 했던 일, 했으면 하는 일, 다음에 하고 싶은 일, 지금 하고 있는 일, 했으면 좋았을 말들 등으로 꽉 차 있다. 무척 신나면서도 동시에 진이 빠지는 기분도 든다.

- 나는 당신의 '큰 문제'가 당신에게 중요하다는 것을 이해한다. 그것은 내게 중요하다. 그러나 내게는 나의 시간과 관심을 차지하려 싸우는 50명의 다른 '큰 문제'도 있다는 것을 부디 기억해 주길 바란다.

- 대개 우리는 학교에서 일어나는 모든 일들에 책임감을 느낀다. 그렇기 때문에 한꺼번에 많은 일을 하느라 제대로 하는 일이 없을 때도 있고, 때로는 사람들이 원하는 만큼 시간을 내어주지 못하기도 한다.

- 우리가 맞거나 발로 차이거나 큰 소리를 들은 후에 만난 첫 번째 사람이 어쩌면 당신이 될지도 모른다. 우리는 늘 긍정적인 자세를 가지려고 노력하지만 무심결에 실수하는 때도 있을 것이다. 이런 일이 일어날 때는 너그러이 용서해주기 바란다.

- 우리는 때로 무기력하고 힘이 없다고 느낀다. 도움을 주고 싶지만 우리가 손을 쓸 수 없는 일들도 있다. 어떤 교사는 개인 생활에서 일어난 가슴 아픈 소식을 전한다. 마음을 열기 힘들었지만 마침내 작은 성공을 경험하기 시작한 학생이 새 학교로 전학을 가게 되었다고 말한다. 학부모들은 우리 학교 주차장의 안전과 관련해 타당한 우려—기대를 따라주지 않거나 예의를 지키지 않는 다른 학부모들로 인해 생긴 우려—를 제기한다. 이런 무력감은 우리 일의 가장 힘든 부분—밤중에 잠을 못 이루게 하는 부분—이다.

- 학부모들이 우리가 내린 힘든 결정에 화가 났을 때 소셜 미디어를

이용해 불평하기보다는 우리에게 개인적으로 찾아왔으면 한다.

- 교장도 사람이다. 그들도 실수를 하고, 그들에게도 감정이 있다. 그들에게는 수많은 이해당사자들의 요구를 파악해서 그것을 만족시킬 책무가 있지만, 그들 자신의 요구 또한 중요하다. 교장은 외로운 자리다. 교장들은 지지와 격려, 치어리더가 필요하다. 일이 잘 되고 있을 때는 모두가 교장의 팀의 일원이 되고 싶어 한다. 반대로 일이 그다지 잘 되고 있지 않을 때 가장 먼저 버려지는 사람은 교장이다.

✖ 생각해보고 의견을 나눌 주제들 ✖

1 사람들이 알아주었으면 하는 한 가지가 있다면 무엇인가요?

#KidsDeserveIt

16장 우리가 가장 좋아하는 것들

교직 생활에서 당신이 가장 좋아하는 것은 무엇인가? 우리가 특히 좋아하는 몇 가지가 있다. 우리가 '가장 좋아하는 것들'은 우리와 아이들을 연결시켜주는 것들이다.

점심시간 자신의 학교에 대해 알고 싶다면 점심시간에 식당 테이블에 앉아서 아이들과 이야기를 나눠라. 그곳은 '그냥 그런 어른'이 되지 않을 수 있는 훌륭한 장소이다. 우리가 처음 이 일을 하기 시작했을 때 아이들은 우리 행동을 어떻게 받아들여야 할지 몰라 난감해했다. 그러나 몇 번 점심을 같이 먹고 나자 아이들은 우리가 그저 잡담하면서 함께 시간을 보내고 있다는 것을 깨닫게 되었다. 아이들과 나란히 앉아서 아이들의 이야기에 귀를 기울여보라. 강력한 효과와 더불어 재미도 있다.

쉬는 시간 발야구, 농구 경기, 포스퀘어! 그 밖에 무엇이든 좋다. 우리는 쉬는 시간을 사랑한다. 그 시간은 아이들을 다른 차원에서 볼 수 있는 좋은 시간이다. 또한 소소한 훈육 문제를 해결할 수도 있고 아이들이 더 나은 선택을 하도록 이끌어줄 수도 있다. 최근에는 아이들이 우리와 경주를 하고 싶어 했다. 우리보다 더 빨리 달릴 수 있다고 엄청나게 허세를 부리지만 사실은 그렇지 않다. 언제나 우리가 이긴다!

소셜 미디어 인턴 소셜 미디어 인턴은 디지털 시민을 어떻게 바라보아야 하고, 교육자들이 우리 아이들에게 소셜 미디어를 어떻게 가르쳐야 하는지에 대한 인식을 완전히 바꿔놓았다. 우리는 하루 내내 트위터를 확인한다. 우리 학교 트위터 계정에 우리가 보내지 않은 글이 올라오는 것을 보는 것은 설레는 일이다.

아침 등교 시간 우리는 아침에 차에서 내리는 모든 아이들을 미소와 손 흔들기, 하이파이브나 주먹인사로, 때로는 포옹으로 맞이하는 등교 시간을 사랑한다. 아주 특별한 날에는 마스코트 의상을 입기도 한다―우리가 최근에 좋아하게 된 것이다. 모든 교장은 마스코트 의상을 가지고 있어야 한다.

학습 환경 배우고 협동하기 위해 꼭 책상 앞에 앉아 있어야 하는 것은 아니다. 우리는 학생들이 바닥에 앉는 것도 좋아하고, 때로는 계속해 새로운 발견을 하도록 잔디밭에서 야외 수업을 하는 것도 좋아한다. 학습 환경을 창의적으로 선택하라. 당신이 아이라면 좋아할 것 같은 장소를 골라라!

탈 것들 세발 자전거, 스쿠터, 자전거, 롤러블레이드 등을 타고 교정을 누비는 것은 우리가 가장 좋아하는 것 중 하나다. 아이들은 처음 이런 모습을 보면 좋아서 어쩔 줄을 모른다. 학부모들도 마찬가지다!

책 읽어주기 학생들에게 책을 읽어주는 것은 최고로 즐거운 일이다! 우리는 매달 책 한 권을 골라 모든 학급에서 읽어준다. 아이들은 우리가 새로운 책을 읽어줄 때마다 신나한다. 이것은 단연코 우리가 가장 좋아하는 일들 중 하나이다.

학습 환경을 창의적으로 선택하라.

당신이 아이라면

좋아할 것 같은 장소를 골라라!

훌륭한 점을 알아차리기 우리는 동료들의 함에 격려 편지를 넣거나 교실 문에 접착식 메모지를 붙이거나 간단한 이메일을 보내는 것을—그들이 하고 있는 긍정적인 일에 주목하는 것이라면 어떤 것이든—좋아한다. 시간을 내어 동료들의 훌륭함을 인정해주는 것은 대단히 중요하다. 그러나 아이들의 훌륭함 또한 알아봐줘야 한다. 매일 시간을 내어 훌륭한 점이 보이는 아이를 한 명씩 찾아라. 그런 다음 집에 전화를 걸어 그 학생을 칭찬해주어라!

경청하기 시간을 내어 들어주어라. 그저 앉아서 누군가가 자기 이야기를 하게 해주는 것에는 엄청난 힘이 있다. 우리는 우리 동료들이나 학생들의 생활에 어떤 일이 일어나고 있는지 듣는 것을 좋아한다.

잠시 시간을 내어 누군가에게 진심을 담아 그날 하루가 어땠는지 물어보라. 그런 다음 그들의 대답을 경청하라.

긍정적인 영향 교직 생활에서 우리가 '변함없이 좋아하는' 것은 매일 아이들에게 긍정적인 영향을 줄 수 있는 기회이다. 우리는 아이들과 이야기를 나누고, 지지해주고, 같이 웃어주고, 인도해주고, 하이파이브를 해주고, 잘못을 바로잡도록 도와주는 것을 좋아한다. 그토록 놀라운 에너지로 둘러싸이는 것은 무척 행복한 일이다!

✖ 생각해보고 의견을 나눌 주제들 ✖

1 교직 생활에서 당신이 가장 좋아하는 것은 무엇인가요?
2 우리가 가장 좋아하는 것들 중 오늘 시도하고 싶다고 생각한 것은 어떤 것인가요? 아니면 이번 주 또는 이번 달에 시도하는 싶은 것은 무엇인가요?
3 당신이 너무나 하고 싶었던 일을 다른 사람이 하는 것을 본 적이 있나요? 어떤 일이었나요?

#KidsDeserveIt

17장 관계가 가장 중요하다

과거에도 그랬고 앞으로도 계속 학교에서 가장 중요한 것은 관계이다. 관계는 우리 일에서 촉매제 역할을 한다. 자신이 좋아하는 교사를 위해서라면 뭐든 다 하는 아이들을 우리 모두는 보아왔다. 교사가 자신에게 관심을 가지고 있다는 것을 알고 경계심을 풀게 될 때 학생들은 새로운 단계로 도약할 것이다. 그러니 우리는 모든 아이들에게 자신이 특별하고 소중하고 중요하다는 느낌을 갖게 해줘야 한다.

학교에서 매일 하는 일들 중 강력한 관계 형성을
가장 우선 하여야 한다.

강력한 관계 형성을 학교에서 매일 하는 일들 중 가장 우선 하여야 한다. 관계 맺기는 신뢰를 쌓을 수 있는 유일한 길이다. 또한 그러한 관계는 이해당사자인 아이들, 직원, 학부모 모두와 함께 구축해가

야 한다. 그래야만 학교문화에 연료를 공급하고 모두를 위해 밝게 타오르게 할 수 있다. 강력한 관계는 조직을 변화시킬 수 있다.

그러나 꾸며서 하는 행동은 누구나 눈치챌 수 있다는 것을 기억해야 한다. 진심으로 행동해야 한다. 다음은 관계를 쌓고 발전시키고 키우는 방법 중 우리가 가장 좋아하는 것들이다.

- 무엇보다도 먼저, 학생들의 이름을 알고 그 이름을 불러준다.
- 언제나 항상 아이들에 대해 긍정적으로 말한다.
- 아이들에게 도움이 되는 결정만 내린다.
- 소소한 순간들을 축하한다.
- 아이들을 인격체로 대한다(그렇게 하면 아이들은 당신을 더 존경할 것이다).
- 재능을 알아봐준다.
- 하이파이브, 주먹인사, 포옹 등을 해준다.
- "그래"라고 말해준다.
- 미소를 짓는다.
- 다른 사람의 의견을 물어본다.
- 학교가 무엇을 중시하는지 누구나 알 수 있는 교훈을 만든다.
- 매주 학생의 집에 전화를 걸거나 편지를 보내서 학생을 칭찬한다.
- 모든 사람들이 훌륭한 일을 성취할 수 있다는 것을 믿는다.
- 직원들의 가족들에게 편지를 보내어 각 직원들의 노고를 인정해

준다.

- 아이들, 직원들과 함께 점심을 먹는다.

- 쉬는 시간에 논다.

- 자신이 믿고 지지하는 것에 대해 이야기한다. 사람들은 확실한 계획이 있는 사람을 따르고 싶어 한다.

- 자리를 함께한다.

- 섬기는 사람의 마음을 가진다.

- 트위터, 페이스북, 인스타그램 등을 이용해 학교에서 진행되고 있는 모든 놀라운 일들을 소개한다.

- 얼굴을 마주보고 대화하는 시간을 가진다.

학부모들에게 다가가기

나(토드)는 관리자가 되었을 때 무너뜨려야 할 벽이 있다는 것을 알았다. 내가 이끌어야 할 학교는 '평판'이 좋지 않았다. 학교가 속한 교육구 역시 '평판'이 좋지 않았다. 변화시키는 것이 쉽지 않을 거라는 것을 알았다.

이 지역에서 일한 지 얼마 안 되어 알게 된 것은 학부모들에게 행사에 참석해달라고 아무리 요청하고, 행사에서 아무리 많은 음식을 대접하겠다고 약속해도 참석자가 많지 않다는 것이었다. 본업 외에 한두 개 이상 부업을 하는 학부모들이 많다는 것도 한 원인이었지만 더 큰 이유는 학부모들이 학교에 오고 싶어 하지 않는다는 것이었다.

나는 젊은 시절 전도 활동을 했고 그 경험을 통해 누군가의 마음을 여는 가장 좋은 방법은 그들이 있는 곳에 가는 것이라는 것을 배웠다. 교회에 그냥 앉아서 사람들이 나타나기를 기다릴 수 없는 것처럼 마냥 학교에 앉아서 학부모들이 나타날 거라고 기대할 수는 없는 것이다.

그래서 아이디어를 하나 생각해냈다. 나는 길 건너 중학교 교장에게 연락했고, 우리가 관심을 가장 집중해야 할 지역이 아파트 단지들이라는 것을 알았다. 그곳 사람들이 가장 다가가기 어려운 가족들이었다.

그래서 그분들에게 학교에 오라고 간청하는 것 대신에 우리 학교 직원과 그 중학교 직원들이 그분들을 찾아갔다. 우리는 학교 기금으로 아주 많은 핫도그와 갖가지 곁들일 음식을 구입했다. 아주 큰 그릴을 준비해서 어느 날 저녁 가장 큰 아파트 단지의 주차장에 가서 그곳에 있는 모든 주민을 위해 무료로 핫도그를 만들어주었다.

어떤 조건도 없었다. 소책자도 없었다. 집에 가서 뭘 읽어보라고 하거나 시간을 내서 학교에서 자원 봉사를 하라고 요구하지도 않았다. 다른 아무 것도 없이 우리는 그저 그곳에서 음식을 대접했다.

나는 우리가 맨 처음 그 일을 했던 때와 우리가 받은 질문을 기억한다. 많은 사람들이 물었다. "왜 이런 일을 하는 거예요?" 우리는 이렇게 대답했다. "우리는 이 마을에 있는 두 학교에서 왔습니다. 그저 우리가 얼마나 여러분과 여러분의 자녀에게 관심을 가지고 있는지 알려드리고 싶을 뿐입니다."

우리는 서로 껴안았고, 눈물을 흘렸다. 재미와 웃음도 있었다. 우리의 첫 번째 행사에서는 300명 가까운 사람들에게 음식을 대접했다. 아이들은 마당을 가로질러 뛰어다녔고, 우리 교사들은 그곳에서 아이들과 놀면서 애정을 나누고 시간을 함께 보냈다.

우리는 지역의 몇몇 기업들과 제휴해서 물자를 기부받기도 했다. 그러나 성공을 가져다 준 것은 결국 시간과 노력이었다. 우리는 대단히 많은 학부모들의 지지를 얻었다. 우리가 학교 밖에서도 시간을 내어 그분들을 위해 기꺼이 봉사하려고 한다는 것을 그분들이 알았기 때문이다. 게다가 우리는 어떤 것도 대가로 요구하지 않았다.

우리는 지금까지도 마을의 아파트 단지를 다니며 야외 요리 파티를 계속하고 있다. 이 활동은 유대감 형성에 더할 수 없이 좋은 경험이자, 다른 이들을 섬길 수 있는 좋은 기회이다.

내가 이야기할 수 있는 가장 중요한 것은 '섬기는 리더십'의 힘이다. 우리가 이곳에 있는 이유는 우리 학생들의 가족들을 섬기기 위함이라는 것을 기억해야 한다. 때로는 그 일을 위해 우리의 시간과 자원을 들여서 마당에서 따뜻한 음식을 제공하거나 잠시 축구를 해야 할지도 모른다. 그러나 진정한 관계가 형성되는 때는 바로 그런 순간이다. 사람들이 정말로 관심을 받고 있다고 느끼는 때도 바로 그런 순간이다. 우리가 타인의 삶을 바꾸는 때 역시 바로 그런 순간이다.

✖ 생각해보고 의견을 나눌 주제들 ✖

1 당신은 어떻게 관계를 쌓나요?

2 아이들과 관계를 쌓고 아이들을 알아가는 방법 중 당신이 가장 좋아하는 방법은 무엇인가요?

3 정말로 경계심이 많고 어느 누구도 가까이 오는 것을 원치 않는 사람들과는 어떻게 관계를 맺나요?

4 다른 사람들을 칭찬하는 당신의 창의적인 방법은 무엇인가요?

#KidsDeserveIt

18장 　결코 멈추지 마라

우리 일은 어렵고 고되다. 어떤 날에는 단 한 번의 승리도 없는 것 같다. 그저 여러 번의 빗나간 필드골과 연장전이 있을 뿐이다. 교육자로 산다는 건 고단한 일이다. 때로는 기진맥진한 상태가 되기도 한다. 떠나고 싶고 돌아오고 싶지 않은 날들도 있다. 그러나 날마다 우리는 아이들에게─우리 마음을 아프게 하는 사연이 있는 아이들에게─돌아와서 우리가 곁을 지키고 있다는 것을 보여준다.

"내일 다시 오실 거예요?" 오후에 차타는 곳까지 바래다줄 때 아이들은 우리에게 묻는다. 학년 초에 교사들은 눈물을 글썽이며 우리에게 와서는 왜 매일 자신의 학생들이 다음 날 다시 올 거냐고 묻는지 모르겠다고 말한다. 가슴이 아파온다. 우리는 떠날 수 없다. 이 아이들을 버린다는 것은 상상할 수 없다. 그러니 그만두는 것은 있을 수 없는 일이다. 우리는 이곳을 지킬 것이다. 자신만만하고 당당하고 용감하게 이 아이들 곁을 지킬 것이다. 아이들에게는 우리가 필요하다. 우리 말고는 아이들을 위해 싸워줄 사람이 없다.

만약 우리가 그만둔다면 아이들에게 무엇을 가르치게 되겠는가? 상황이 어렵거나 무언가에 동의하지 않을 때는 그만둬도 괜찮다는 것? 토머스 에디슨Thomas Edison이 100번의 실험에서 원하는 전구를 만드는 것에 실패한 후에—사람들이 그에게 미쳤다고 말했을 때—그만두었다면 어떻게 되었을까? 마틴 루서 킹Martin Luther King, Jr.이 사람들에게서 쓸모없는 인간이라는 말을 들었을 때, 자신의 영향력을 의심했을 때, 또는 국가의 시스템이 망가졌을 때 그만두었다면 어떻게 되었을까? 오프라 윈프리Oprah Winfrey가 자기 같은 사람이 텔레비전에 나오지 않는다는 이유로, 과체중이라는 이유로, 시청률이 잘 나오지 않을 때 힘들다는 이유로 그만두었다면 어떻게 되었을까?

그러나 그 사람들은—또한 그들과 같은 많은 사람들은—그만두지 않았고, 그래서 역사를 바꾸었다.

우리가 교육자의 길을 택한 것은 학생들의 삶을 변화시키고 미래 세대에 영향을 미치기 위해서다.

가르친다는 것은 엄청나게 무거운 짐을 지고 눈보라 몰아치는 산을 오르는 것과 같다. 우리가 치러야 할 전쟁, 시험, 문서 업무, 학부모들의 불참, 극성 부모, 자금 부족, 가난 등 교직에 있지 않은 사람들은 이해할 수 없는 조건과 상황들이 있다. 그러나 우리는 이 일이 쉬워서

선택한 것이 아니다. 우리가 교육자의 길을 택한 것은 학생들의 삶을 변화시키고 미래 세대에 영향을 미치기 위해서다.

그러니 아무리 힘겨워도 계속 산을 올라야 한다. 신발끈을 졸라 매고 스스로를 채찍질하라. 아이들을 위해 계속 올라가야 한다.

그리고 싸우는 중에 이따금씩, 잘 안 되고 있는 일—바꿔야 할 것들—에 초점을 맞추기 쉬울 때는 걸음을 멈춰라! 주위를 둘러보라. 다시 주의를 집중하고 균형감을 회복하는 시간을 가져라.

그러고 나서 다시 산을 올라라. 아이들은 우리가 끌어모을 수 있는 혼신의 에너지와 열정, 열의, 동기, 배려, 창의력 등을 다 쏟을 가치가 있다. 아이들을 위해 멋진 어른이 되라. 우리가 생각하는 것보다 우리는 아이들에게 더 큰 의미가 있다. 우리의 가장 중요한 일은 아이들을 사랑하고 아이들에게 그들이 정말로 놀랍고 특별한 존재라는 것을 확신시키는 것—중요한 존재라는 것을 상기시키는 것—이다. 학업은 덤이다!

그러니 하루도 더 못 버틸 것 같은 그런 힘들고 고된 날들에는 고개를 숙여 아이의 눈을 들여다보라. 그 눈 속에 담긴 희망을 보라. 그 눈빛에 담긴 간절한 물음을 보라. "내일 다시 오실 거예요?" 그러면 우렁찬 목소리로 "그럼"이라고 대답하라. 당신의 아이들은 그럴 자격이 있다!

✖ 생각해보고 의견을 나눌 주제들 ✖

1 그만두고 싶은 마음이 들 때 계속 가기 위해 사용하는 전략은 무엇인가요?

2 계속 나아가기 위해 당신은 어떻게 동료들의 지지를 얻나요?

3 오늘 시간을 내어 당신이 교육자가 된 모든 이유와, 올바른 선택을 했다는 확신을 준 경험을 적어보세요. 힘든 날들에 그 목록을 꺼내어 다시 읽어보세요.

#KidsDeserveIt

19장 당당하게
고개를 들어라

교육자라면 누구나 완전히 실패한 것처럼 느껴지는 캄캄한 밤을 맞이하기도 한다. 상황이 나빠져도 꿋꿋이 나아가는 것이 중요하지만 말처럼 쉽지만은 않다.

꿋꿋이 나아가라

나(토드)는 2014-2015학년도에 재구성된 학교를 맡아서 지칠 줄 모르는 직원들과 함께 학교의 진로를 바꾸기 위해 일했다. 우리는 최신 기술을 이용했고, 전 세계 많은 사람들과 연결되었다. 또 가장 중요하게는 우리 아이들 한 사람 한 사람이 얼마나 중요한 존재인지를 가르칠 수 있었다. 기가 꺾이고 자기 자신을 보잘것없는 존재로 느끼던 아이들이 완전히 다른 것을 믿게 되었다. 우리는 아이들 각자가 칭찬 받아 마땅한 비범한 존재라고 가르쳤다.

　우리는 음식 나누기 행사, 이웃과 함께 하는 야외 핫도그 요리 파티, 가족 놀이의 밤 등을 통해 지역사회와의 유대를 강화했다. 초대 손님들 — 올림픽 금메달 수상자, 작가, 가수, 다른 나라의 학생들 — 을 모셔 와서 우리 학생들과 대화를 나누게 했다. '해적처럼 가르쳐라'의 날, 책 무도회, 슈퍼히어로superhero의 날(모든 교사들이 슈퍼히어로로 분장하고, 레드 카펫을 깔고 아이들을 맞이했다), 대규모 독서 프로그램 등 다양한 행사를 열었다. 우리 학교 교사들은 토니 시나니스Tony Sinanis, 에린 클라인Erin Klein, 톰 머레이Tom Murray, 그렉 스메들리Greg Smedley, 앤절러 메이어스Angela Maiers 등 최고의 현장 교육자들에게 배웠다. 나는 행정직원들과 함께 팀을 구성했고, 팀원들 각자가 얼마나 중요한 사람인지를 끊임없이 일깨워주었다.

또한 나는 방과 후 튜터링과 토요일 학교를 이끌었고, 우리는 모두 소그룹 튜터링반을 만들었다. 학부모들과 더불어 우리 학교의 모든 구성원들은 그 해에 대단히 열심히 일했다. 시련도 분명 있었다. 쉽지 않은 일이었다. 그러나 나는 우리가 한 일이 자랑스러웠다.

그렇게 열심히 일한 2015년 여름이 끝나갈 무렵, 우리 교육구의 다른 다섯 명 교장들과 함께 모인 자리에서 그 학년도에 대한 주州 책무성Accountability 결과를 전달받게 되었다. 학교의 책무성은 네 개의 지표로 구성된다. 적어도 세 개의 기준을 충족시켜야 성공한 것으로 간주된다. 한 명씩 돌아가며 각 교장들은 자신의 학교가 네 개의 지표 중 세 개 또는 전부를 만족시킨 것을 축하했다.

드디어 내 차례가 되어 책무성 자료를 펼쳤다.

하나였다. 딱 하나.

책무성 지표 중 우리 학교가 기준을 충족시킨 것은 하나밖에 없었다.

나는 완전히 기가 꺾였다. 가슴이 무너져 내렸다. 모두들 나만 쳐다보는 것 같았고, 남은 회의 시간 내내 한 마디도 하지 않았다. 집으로 오는 내내 울었다.

친한 친구인 브래드 거스탑슨과 벤 길핀에게 박서 메시지를 보냈다. 둘 다 다른 주에 있는 학교 교장이었다. 나는 그 친구들에게 나는 이제 끝인 것 같다고 말했다. 내가 뭘 하고 있는 건지도 알 수 없었다. 그 점수는 내가 좋은 리더가 아닌 게 분명하다는 사실을 보여주었다. 모든 노력이 허사였던 것이다.

나는 이 이야기를 ─ 교육자로 사는 것의 이런 측면을 ─ 다른 사람들에게 말하는 것이 옳은지에 대해 오랜 시간 치열하게 토론했다. 그러나 블로그에 글을 쓸 때 나는 교육과 내 모습을 정직하게 있는 그대로 이야기하는 것에 자부심을 느끼는 사람이다. 나는 좋은 얘기뿐 아니라 나쁜 얘기를 나누는 것에도 열정적이다. 게다가 벤 길핀은 그 이야기를 하라고 격려했다.

그는 이것이 바로 중대한 이해관계가 걸린 책무성 시스템으로 인해 생길 수 있는 문제임을 일깨워주었다. 순식간에 나는 점수에 매몰되어 버렸고, 내가 보낸 한 해 전체를 하루 동안의 심사로 판단한 것이다. 우리가 아이들의 삶에 영향을 주고 변화시켰다는 사실은 잊고 말았다. 내 말을 오해하지는 말기 바란다. 심사 점수가 중요하지 않다는 말을 하는 것이 아니다. 점수는 중요하다. 그렇지만 점수는 학교에서 얻는 성과의 일부분일 뿐이다. 그것이 '좋은 교육'의 유일한 진짜 척도는 아닌 것이다.

순식간에 나는 점수에 매몰되어 버렸고, 내가 보낸 한 해 전체를 하루 동안의 심사로 판단한 것이다.
우리가 아이들의 삶에 영향을 주고 변화시켰다는 사실은 잊고 말았다.

나는 우리가 그 해 눈부신 성공을 거뒀다는 것을 안다. 삶이 바뀌었고, 그 네 개의 지표로는 결코 측정할 수 없는 여러 영역에서 우리는 장족의 발전을 이루었다. 나는 책무성 결과로 큰 충격을 받고 비틀거리긴 했지만, 다시 일어나 또 다른 해를 맞을 준비를 했다.

우리 모두는 자신이 처한 상황을 어떻게 볼지 선택할 수 있다. 개선해야 할 것들이 있는지 빈틈없이 살펴보고 바로잡을 방법을 찾는 것은 중요하다. 그러나 당당하게 고개를 들고 실패에도 위축되지 않는 것이 더 중요하다. 변화와 성장에는 오랜 시간과 각고의 노력이 필요하다. 우리는 노력을 멈추지 말아야 하고, 실패를 발판으로 삼고 성공을 축하해야 한다. 아이들은 자격이 있다!

1 자신에 대한 회의가 든 때는 언제인가요? 그 경험을 통해 어떻게 배우고 성장했나요?

2 동료나 학생들이 실패가 자신을 규정하지 않게 하는 법을 배우도록 어떻게 도울 수 있을까요?

3 어떤 식으로 주변 사람들을 더 자주 칭찬할 수 있을까요?

#KidsDeserveIt

20장 아이처럼 행동하라

어린아이와 같은 마음—경이감과 설렘, 모든 움직임에 깃든 환희를 느끼는 것—이 어떤 것인지 우리는 언제 잊었을까? 잠깐이라도 유치원 교실에서 시간을 보내보라. 그러면 금세 어린아이가 느끼는 경이감을—끝없는 꿈, 호기심, 희망적인 생각을—떠올리게 된다. 이 아이들은 금방 용서하고, 달려와서 안기며 맞아주고, 옆구리가 아플 때까지 웃는다. 그리고 마법과 상상 속의 친구가 존재한다고 믿는다.

우리는 그런 아이 같은 마음가짐이 어른들에게도 중요하고, 결정을 내릴 때도 그런 마음이 어느 정도 필요하다고 믿는다. 눈살을 찌푸리며 "안 돼"라고 말하거나 할 수 없는 일에 집중하기보다는 불가능해 보이는 것들의 가능성을 믿어보는 데 더 많은 시간을 쓰면 어떨까? 불가능한 것을 꿈꿔보면 어떨까?

우리가 가르치는 가장 어린 아이들은 정말로 젖소가 달을 뛰어넘을 수 있다고 믿는다. 산타클로스 할아버지가 석탄(나쁜 아이에게는 석탄을 준다는 속설이 있음 — 옮긴이)이 아니라 선물을 가져다주기를 바란다. 더 중요하게는 자신들이 세상을 바꿀 수 있다고 생각한다. 우리가 아이들의 길을 방해하지 않고 그 여정을 함께한다면 아이들은 세상을 바꿀 것이다.

어떻게 하면 우리는 마음 속 동심을 깨울 수 있을까? 어떻게 하면 우리가 쌓아올린 냉소주의의 벽을 허물고 다시 꿈꾸기 시작할 수 있을까? 다음은 우리가 생각해낸 몇 가지 아이디어들이다.

1. 그냥 앉아서 색칠하는 시간을 가진다.
2. 눈가리개를 하고 학생들의 도움을 받아 미로를 빠져 나간다.
3. 매일 웃을 거리를 찾는다.
4. 자연으로 나가서 눈을 감고, 소리에 귀 기울이고, 마음껏 상상을 펼쳐본다.
5. 그림을 그리고, 채색하고, 만든다.
6. 다섯 살배기 아이들과 시간을 보낸다. 대화를 한다. 아이들의 말을 경청한다.
7. 학생들에게 그들의 마음을 아프게 하는 것이 무엇인지를 묻고, 함께 해결책을 찾아본다. 꿈을 크게 가지고, 집단적 그리고 개인적 천재성을 활용한다.
8. 교실을 새롭게 변신시킨다.
9. 관심을 쏟고 있는 누군가에게 전화를 걸어 왜 그가 당신에게 중요

한지 — 그냥 중요한 사람이라고 — 말해준다.

10. 빨리 용서한다. 그리고 다음 단계로 넘어간다.

11. 누군가를 안아준다.

12. 학생들과 비밀스런 악수를 나눈다. 두 사람 다 미소 짓게 될 것이다!

13. 쉬는 시간에 미끄럼틀을 탄다. 어른이 할 거라고는 누구도 예상하지 못하는 행동이다. 게다가 무척 재미있다.

14. 학생들과 함께 카펫 위에 앉는다. 아이들과 눈높이를 맞추면 아이들의 관점에서 볼 수 있다.

아이처럼 행동하기로 마음먹으면 다른 시각으로 세상을 바라보게 된다. 관심의 초점이 바뀐다. 벽이 무너지기 시작하고, 과거에는 불가능하다고 생각했던 것들을 믿기 시작한다. 무엇이 중요하고 중요하지 않은지를 깨닫게 된다.

당신 안의 그 아이를 다시 찾아보고
그 설렘과 경이감을 되살려보라!

모든 교육자가 좀 더 아이처럼 행동한다면 어떤 일이 일어날지 상상해보라. 자라서도 어린아이의 경이감을 간직하는 아이들이 더 많아지지 않을까?

기억을 되살려 학교 다닐 때 무엇이 당신을 미소 짓고 웃게 했는지 생각해보라. 무엇 때문에 마음이 설레어 학교에 가려고 꼭두새벽에 일어났는가? 당신 내면에 있는 그 아이를 다시 찾아보고 그 설렘과 경이감을 되살려보라! 당신의 아이들은 자격이 있다.

✖ 생각해보고 의견을 나눌 주제들 ✖

1 더 아이처럼 행동할 수 있는 다른 방법에는 무엇이 있을까요?
2 당신이 가장 최근에 가졌던 큰 꿈은 무엇인가요?
3 주변에 온통 꿈꾸는 법을 잊어버린 사람들뿐일 때 어떤 일이 일어날까요?

#KidsDeserveIt

21장 선택과 결정

학교는 어른들에게 일자리를 주려고 존재하는 것이 아니다. 학교는 학생들을 위해 존재한다. 또한 당신의 일(그리고 우리의 일)에서 중요한 것은 아이들이 자신감을 가지고 자신의 모습을 있는 그대로 받아들일 수 있게 하는 것이다. 이 일을 위해 우리는 아이들에게 이 세상에서 무엇이 가능한지 발견하게 하는 학습 기회를 제공한다. 현재의 상황에 도전함으로써 오랫동안 기억에 남을 강렬한 학습 경험을 만들어줄 수 있다. 이 장에서는 기존의 틀을 깨기로 결정한 몇 가지 사례들을 소개할 것이다. 이 장을 읽은 후에 당신의 학교에서 활용할 수 있는 아이디어를 떠올릴 수 있기를 바란다.

집중훈련의 날

나(토드)는 우리 신입 교직원들이 함께 읽을 책을 찾고 있었다. 여름 동안 킴 비어든의 책 『집중훈련Crash Course』에 푹 빠졌고, 이 책이 가을 독서 모임에 딱 맞는 책이라고 결정했다. 그래서 킴에게 연락해 웹 초등학교의 모든 교직원들에게 나눠줄 책을 구입했다. 8월에 그 책을 읽기 시작하면서 우리는 다 읽고 11월 16일에 학교에서 '집중훈련의 날'을 열기로 결정했다. 그 날은 독서 모임을 통해 우리가 배운 모든 것들을 기념하고 나누는 시간이 될 것이었다.

우리는 매주 만나 그 건을 논의했고, 11월 16일이 다가오면서 나는 직원들이 우리 학생들을 위한 창의적인 활동을 계획하는 대화를 들으며 경탄했다. 직원들이 알지 못했던 것은, 그 날 직원들을 놀래주려고 킴 비어든도 참석하도록 내가 그녀와 연락하고 있었다는 사실이었다.

집중훈련의 날 약 2주 전에 킴도 올 거라는 소식을 전했다. 환호와 눈물이 있었지만 무엇보다도 설렘과 흥분이 있었다. 직원들은 활기가 넘쳤다.

드디어 집중훈련의 날이 왔고, 절제된 표현을 쓰자면 나는 엄청 감동했다. 수중 체험, 감각 활동, 빵 만들기, 하늘에서 음식이 내린다면 역驛, 추수감사절 만찬 등등이 있었다. 교실과 복도를 비롯해 학교 전체가 새롭게 변신한 모습이었다. 교사들은 흥분했고, 아이들은 진심으로 열광했다. 나는 그 날 학교를 누비는 아이들의 얼굴에서 감탄한 표정을 보고 무척 감동을 받았다.

그 날은 훈육 문제가 없는 그런 날들 중 하나이기도 했다. 학습 기준에 근거해 창의적이고 매력적인 수업을 만든다면 재미를 놓치지 않으려고 아이들이 더 바르게 행동하는 경향이 있다는 사실이 입증되는 그런 날이었다.

퇴근할 때쯤 우리는 모두 완전히 녹초가 되었지만, 동시에 새로운 활력을 얻었다. 무언가를 처음으로 배우고 경험하는 아이들의 눈에 깃든 경이감을 보면서 힘을 얻었던 것이다. 나는 그 날의 기억이 평생 남을 것이라는 것을 안다. 아이들에게도, 교사들에게도 그리고 나에게도.

학습 기준에 근거해 창의적이고 매력적인 수업을 만든다면
재미를 놓치지 않으려고 아이들이 더 바르게
행동하는 경향이 있다

아이들 편

여러 해 전에 내(애덤)가 아내를 처음 만났을 때 그녀가 한 말 중 하나는 내가 사람들을 '돕는' 일을 하고 있는 것을 높이 평가한다는 것이었다. 아이들 곁에서 아이들을 지원하는 것은 내게 제2의 천성이었다. 나는 아버지가 2학년과 3학년 학생들을 가르치는 것을 보고 자랐다.

학교 관리자로 수년을 보낸 지금, 아내가 했던 그 말은 정말로 진실인 것 같다. 교직에 있는 것은 재미있기도 하고, 진이 빠지기도 하

고, 영향력도 있고, 힘도 들고, 시간도 많이 뺏고, 때론 미치게도 한다. 그런 모든 우여곡절을 겪으면서도 돕는 일을 하는 것은 대단히 보람 있는 일이다.

나는 교직 생활 가운데 그만두고 새로운 일을 찾을까라는 생각을 했던 적이 여러 번 있었다. 하지만 그런 생각은 들었다가도 금세 사라졌다. 내가 있어야 할 곳은 학교이기 때문이다. 다른 누군가에게 이 일을 맡기고 싶지는 않다.

'아이들 편Team Kid'이라는 말은 나의 신조다. 아이들은 내가 이 일을 하는 이유이다. 자신의 목적을 알고 그것이 중요하다는 것을 이해하고 있을 때라도, 제대로 되는 일이 없고 모두가 자기에게 적대적인 것처럼 느껴질 때가 있을 것이다. 나도 겪어보았기 때문에 잘 안다. 나는 그런 때가 오면 기존의 틀을 깨고 새로운 도전을 할 필요가 있다는 것도 안다.

몇 해 전 나는 그런 틀에 박혀 있었고, 뭔가 큰일을 벌여야 할 필요가 있다는 결론을 내렸다. 나는 로드러너(뻐꾸깃과의 새를 모델로 한 만화 캐릭터―옮긴이) 의상을 주문했고, 그 옷을 입고 아침 등교 지도를 했다. 아이들, 교사들, 학부모들의 반응이 어땠을지 짐작이 갈 것이다. 모두들 얼굴에 웃음이 가득했고, 몇몇은 웃음을 터트렸다. 로드러너 복장을 입는 것이 우리 학교의 교육 프로그램과 어떤 관련이 있을까? 전혀 없다. 그러나 그것 때문에 사람들은 학교에 호감을 느꼈고, 그 결과 아이들 편이라는 학교 문화에 참여하고 지지하고 싶은 마음이 생겼다. 또 운에 맡기고 좀 바보 같은 행동을 해보면서 나는 방향을 전환할 수 있었고, 중요한 것—공동체를 지원하고 즐거운 시간을 보내는 것—에 집중할 수 있게 되었다.

수학전람회

나(토드)는 언제나 과학전람회를 구경하는 것을 좋아했다. 그러나 수학 교사로서 내 아이들과 그런 활동을 할 수 없다는 것 때문에 약간은 질투심도 느꼈다. 그러다 어느 날 이런 생각이 들었다. 왜 할 수 없다는 거지? 왜 수학전람회는 하면 안 되는 거야? 학생들과 나는 바로 얼마 전에 잭 안드라카Jack Andraka(2012년 인텔 국제과학기술경진대회 우승자)와 스카이프로 통화를 했고 그의 과학전람회 프로젝트를 살짝 본 상태였다. 아이들은 수학전람회에 참가한다는 생각에 들떴다. 학교 밖에서 프로젝트를 완성할 예정이었기 때문에 나는 학부모들에게 프로젝트에 대해 설명하는 가정통신문을 보냈다.

수학전람회 프로젝트를 위해 학생들은 각자 관심 있는 주제를 고르고, 그 주제 속에 숨어 있거나 주제와 관련된 수학 원리를 여섯 개 이상 보여주어야 했다. 원하는 것은 무엇이든 고를 수 있었기 때문에 주제는 스키틀즈 사탕, 소프트볼, 치즈 만들기, 가라데, 춤, 역학, 마인크래프트, 심지어 드라마 워킹데드까지 다양했다. 2주 안에 주제를 제출하면 되었지만 주의할 점이 있었다. 누군가가 이미 제출한 주제는 선택할 수 없었다.

학생들은 주제를 제출하고 난 다음 집에서 자신의 주제를 연구하기 시작했다. 세 개 이상의 시각 자료와, 주제와 관련된 여섯 개 이상의 수학 원리를 준비해야 했다. '시각 자료'는 원하는 대로 해석할 수 있었다. 포스터를 만들든, 물건을 가져오든, 물건을 직접 만들든 뭐든 가능했다. 이 프로젝트의 취지는 학생들이 재미를 찾고, 자신의 열정을 공유하고, 어디에나 수학이 있다는 것을 보여주는 것이었다. 한계는 오직 학생들 스스로 정하는 것뿐이었다.

수학전람회가 열리는 주에 학생들은 수업 시간에 발표 연습을 했다. 5학년 학생들이라 대부분 발표하는 법을 잘 알지 못했다. 그래서 우리는 어조와 발성 조절, 음향, 청중과 눈 맞추기 등에 대해 이야기했다. 급우들도 긍정적이고 건설적인 피드백을 주었다. 중요한 의사소통 기술을 배우는 유익한 시간이었다. 행사가 있던 날 아이들은 잘 준비되었다고 느꼈다. 그날 잭 안드라카가 트위터에 올린 "행운을 빌어"라는 글을 보고 아이들은 한층 자신감이 더 커졌다.

우리는 목요일 저녁 6시부터 7시까지 학교 구내식당에서 수학전람회를 열었다. 더 큰(또는 살아 있는) 시각자료를 사용한 프로젝트는 버스 타는 길의 경사로에 전시했다.

학생들은 의무적으로 전람회를 관람해야 한다고 한 달 넘게 통지받은 상태였다. 내가 가르치는 72명의 학생들 중 나타나지 않은 학생은 세 명뿐이었다. 그리고 200명이 넘는 어른들도 참석했다(그 시골 지역에서는 엄청난 숫자였다!). 우리는 유스트림(온라인 동영상 중계

서비스—옮긴이)을 통해 전람회를 인터넷으로 생중계하기까지 했다 (내 아내 리세트에게 대단히 감사하다). 유스트림을 사용했기 때문에 영상을 녹화해서 참석하지 못한 부모님이나 가족들 모두와 공유할 수도 있었다.

나는 그날만큼 아이들이 자랑스러웠던 적이 없었다고 진심으로 말할 수 있다. 아이들이 자신의 프로젝트에 쏟아 부은 어마어마한 노력과 창의성에 나는 물론 아이들의 가족들과 급우들 모두 깊은 감명을 받았다. 어떤 아이들은 자신의 프로젝트를 위해 살아 있는 말과 조랑말을 데리고 나왔다. 음식을 만든 아이, 과학 실험을 한 아이, 관련된 물건을 가지고 와서 자신의 부스에서 나눠준 아이들도 있었다.

그 후에 그 전람회에 대해 이야기를 하고 관련 글을 올렸을 때 이런 말을 들었다. "아, 선생님은 부모님의 도움을 받은 아이들이 누군지 아시겠군요." 자기 아이를 도와준 학부모들이 있었을까? 있었다. 누가 도와줬고 누가 도와주지 않았는지 알 수 있을까? 알 수 있다. 그렇지만 그걸 꼭 나쁘게만 볼 수는 없을 것 같다.

무슨 말인지 좀 더 설명하면 이렇다. 전람회가 있고 나서 한 여자아이와 이야기를 나눴고(그 아이의 프로젝트는 대부분 엄마가 한 것이 분명했다), 프로젝트 주제로 왜 그 주제를 골랐는지 물었다. 나는 그 아이가 사실 그 주제에 정말로 관심이 있는 건 아니라는 것을 알고 있었다. 그 아이는 내가 평생 잊지 못할 대답을 했다. "엄마가 나와 시간을 보내게 하려면 엄마 직장을 주제로 골라야 한다는 걸 알았거든요."

와!

그 말을 들은 다음부터는 아이의 어머니가 프로젝트를 전부 준비했는지 아닌지는 내게 중요한 문제가 아니었다. 나는 그 아이가 프로젝트를 준비하는 시간 내내 엄마 옆에 앉아서 엄마와 시간을 보냈다는 것은 장담할 수 있다. 그 프로젝트가 아니었다면 그런 시간을 갖지 못했을 것이다. 내가 보기에 그 사실만으로도 모든 것이 의미 있고 소중했다.

다음 날 아침 등교한 아이들은 여전히 전람회가 얼마나 재미있었는지를 이야기하고 있었다. 나는 아이들이 자기 자신을, 또한 자신이 무언가에 들인 노력을 그처럼 자랑스러워하는 것을 본 적이 없었다. 그것은 내게 가장 확실한 성공의 증거였다.

당신의 흔적을 어떻게 남길 것인가?

결정

하루하루가 결정을 내릴 기회이다. 당신은 무엇을 할 것인가? 어떻게 행동할 것인가? 어떻게 당신의 흔적을 남길 것인가? 당신의 학생들을 어떻게 믿고 지지할 것인가? 날마다 아이들을 용서하고 산뜻한 출발을 할 것인가?

학생을 중심에 두는 선택을 하라. 학교는 우리가 아니라 학생들을 위한 곳임을 기억하라. 학생들에게 영감을 불어넣어라. 학생들이 저마다의 열정을 나눌 수 있게 하라. 아이들이 꿈꿔왔던 것보다 더 잘할 수 있게 독려할 방법을 찾아라. 또한 문득문득 떠오르는 아이디어가 있다면 시도해보라! 생각하는 것보다 더 좋은 결과를 얻을지도 모른다. 주저하지 마라. 아이들의 시간과 기회를 최대한 잘 활용하는 결정을 내려라. 아이들은 자격이 있다.

✖ 생각해보고 의견을 나눌 주제들 ✖

1 학교를 아이들을 위한 최상의 환경으로 만들기 위해 어떤 노력을 하고 있나요?

2 어떻게 하면 항상 아이들과 아이들을 위해 최선의 일을 하는 것에 집중할 수 있을까요?

3 매 순간을 잘 활용하도록 스스로를 독려하는 당신의 방법은 무엇인가요?

#KidsDeserveIt

22장 외계인 눈길

예전에 그것은 우리를 불쾌하게 했었다. 우리를 망설이게 만들었다. 그러나 이제 우리는 익숙해졌고, 오히려 명예로운 훈장으로 여긴다.

그것은 '외계인' 눈길이다. 혁신하려고 노력하는 사람이라면 아마 그것을 본 적이 있을 것이다. 모임이나 온라인 인맥 또는 그룹 채팅을 통해 시도해 보고 싶은 새로운 아이디어를 들었다고 가정해보자. 당신은 동료나 상사의 지지를 받고 싶어 한다. 그래서 그들에게 그 아이디어에 대해 말한다. 그런데 그들은 당신을 외계인 눈길로 바라본다. 빤히 쳐다보거나, 눈을 부라리기도 하고, 어쩌면 살짝 비웃거나 낄낄댈지도 모른다. 아니면 아무런 반응이 없을 수도 있다. 당신이 이야기를 할 때 그들은 눈도 맞추지 않고, 방은 쥐 죽은 듯이 조용해진다.

그런 눈길은 자신감을 꺾고, 뒤로 물러나게 만들고 당신이 먼저 제안한 것이 괜찮은 아이디어인지 의심하게 만든다.

사람들은 왜 그런 식으로 반응할까? 아마도 여러 이유가 있을 것이다.

- 두려운 마음이 든다.
- 그 아이디어가 자신들의 아이디어였으면 한다.
- 수립된 계획을 당신이 따르지 않고 있다고 느낀다.
- 모험을 하는 것보다는 안전한 길을 택하고 싶다.
- 우리가 아직 시험해보지 않은 일이다.
- 그들은 할 일이 더 많아질 거라고 생각한다.
- 색다르고 새롭다. 그런데 그것이 그들을 불편하게 한다.

신사와 함께하는 저녁

아버지는 중요한 역할을 한다. 나(토드)는 남자 어른이 아이들의 삶에 얼마나 큰 영향을 미치는지를 보며 항상 놀라움을 느낀다. 특히 두 명의 남자 어른, 트로이 사이크스 목사님과 닉 쇼크 목사님이 어린 시절 내 인생에 어떤 영향을 미쳤는지 뚜렷이 떠올릴 수 있다. 직접 체험해보았기 때문에 나는 남성 롤모델의 힘을 알고 있었고, 항상 우리 학생들을 위해 그 힘을 이용하고 싶어 했다.

올해 우리 학교는 '신사와 함께하는 저녁' 행사를 처음으로 열었다. 처음 이 행사를 기획하기 시작했을 때 나는 그 외계인 눈길을 받았다. 사람들은 내게 시간 낭비를 하고 있는 거다, 남자들은 나타나지 않을 거다, 자금을 마련하지 못할 거다 등등의 이야기를 했다. 나는 모든 진행 단계에서 의심하는 사람들과 부정적인 말을 하는 사람들을 만났다. 하지만 계속 밀고 나갔다.

이제, 시간을 조금 되돌려보자.

그 행사를 기획하기 몇 달 전 우리 학교는 와치독스Watch DOGS 프로그램을 시작했다. 이 프로그램은 하루만이라도 자녀의 학교에서 자원봉사에 참여할 아버지들을 모집하는 프로그램이었다. 우리는 지역의 다른 초등학교와 제휴했고, 그 학교에서 개시 행사를 열었다.

수많은 광고를 하고, 프로그램에 대해 설명하고, 무료 피자까지 제공했지만, 우리 학교의 참석자는 고작 두 명(두 명!)이었다.

참담한 실패였다.

아이의 교육과 인생 전반에 성인 남성이 개입하게 하는 것이 어떤 가치가 있는지 우리 모두는 알고 있다. 그것은 또한 한동안 내 마음 속 깊이 자리한 무거운 사명이었다. 특히 편모슬하에서 자란 나는 나에게 영향을 미치고 오늘의 나를 있게 한 남자 어른들에 대해 더 많이 생각하게 되었다.

나는 우리 학교 교감인 애런 마블과 마주앉아 아이디어를 짜냈다. 개시 행사보다는 더 잘 할 수 있을 거라고 생각했다. 우리는 언제나 인기 있는 '아빠와 함께 도넛 먹는 아침' 행사를 생각했지만, 웹 초등학교의 아침과 시설을 살펴보고 나서 수업이 있는 날에는 제대로 진행할 수 없을 거라는 결론을 내렸다. 그런 다음 (동료 교장인 벤 길핀, 브래드 거스탑슨, 애덤 웰컴의 도움을 받아) 아이디어를 생각해냈다. 방향을 바꿔서 아이들 삶 속의 남자 어른들을 예찬하는 방법을 찾는 것은 어떨까? 우리 학생들 중에는 자신의 삶에 아버지가 없는 아이들이 많다. 그 아이들에게는 사촌이나 삼촌, 형제, 새아빠, 할아버지 등이 있다. 우리는 '아빠와 함께하는 저녁', '남자들과 함께하는 저녁' 등 행사 이름을 이것저것 생각해보았다. 결국 '신사와 함께하는 저녁'으로 결정했다.

나는 '학부모 참여와 관심을 위한 기금' 계좌에서 돈을 조금 찾아 바비큐(텍사스 사람들은 모두 바비큐를 좋아한다) 값을 계산해보고 출장 뷔페를 불렀다.

와치독스 개시 행사에서 실망스러운 실적을 올렸던 우리는 희망적으로 생각했을 때 150명 정도가 참석할 거로 예측했다. 나는 광고 전단을 만들었고, 각 반에 가서 이야기를 했다. 학생들에게 올 수 있는지 생각해보고, 얼마나 많은 음식과 좌석이 필요한지 알 수 있도록 초대장에 참석 여부를 표시해 제출해달라고 했다. 또한 이 행사가 '신사와 함께하는 저녁'이기 때문에 할아버지, 삼촌, 형, 가족들의 친구 등 자신에게 의미 있는 남자 어른이면 누구나 초대할 수 있다고 설명했다.

그리고 그 다음에 벌어진 일에 대해서는 대비가 안 되어 있었다고 해야 할 것 같다.

그 다음 몇 주 동안 우리는 200명, 그 다음에 300명, 그 다음에

400명의 참석 의사를 확인했다. 그 인원을 위한 자금이나 자리가 없었다. 나는 나의 팀에게 도움을 요청했고, 우리는 머리를 맞대고 방법을 찾았다. 스트레스가 이만저만이 아니었다.

우리는 새 출장뷔페를 찾아 메뉴를 바꿨다(예산에 맞춰야 했다). 만일을 위해서 자금을 지원해줄 지역 회사를 찾아 연락했다. 시청, 교육청, 해외전쟁참전군인회의 협조를 얻어 행사에 쓸 테이블과 의자를 마련했다.

그러고 나서 행사 3일 전에 예약을 마감했다. 그때까지 참석 의사를 표시한 인원은 647명—그렇다 647명—이었다. 이런 일을 겪어본 적이 없던 우리는 얼떨떨했다.

우리는 정신없이 허겁지겁 준비에 들어갔다. 나는 웹 초등학교 직원들에게 도움을 요청했고, 감사하게도 그들은 도와주었다.

테이블이 들어와서 자리를 잡았고, 테이블 중앙 장식이 마련되고, 마침내 저녁 행사가 시작되자 우리 손님들이 도착했다. 아이들과 시간을 보내는 남자들로 가득 찬 방의 광경을 본 나는 침착하게 행동하려고 안간힘을 써야 했다. 실제로 그 행사에 참석한 사람들은 580명이 넘었다.

방에 들어온 아이들과 신사들은 다양한 책이 쌓여 있는 테이블에서 책 한권을 집어야 했다(우리는 그들이 관계를 계속 쌓아가는 데 이용할 수 있는 무언가를 가지고 떠나게 하고 싶었다). 그런 다음 그들은 자리를 잡고 앉았다. 신중하게 선정된 세 명의 초청 연사 중 첫 번째 연사가 무대에 올랐다. 우리는 우리 공동체와 아버지들의 의견을 고루 반영하기를 원했다. 그래서 서로 다른 인종, 가정환경, 직업을 가진 연사들을 모셨다.

그런 다음 식사를 대접했고, 여러 명의 학생들에게 자신의 삶에 영향을 주는 남자 어른이 있다는 것이 어떤 의미인지 이야기하게 했다. 그 저녁 시간 내내 아이들의 모습이 담긴 슬라이드 쇼와 음악이 흘렀다. 그리고 우리 학교 음악 교사인 케빈 핼리버튼의 노래로 행사를 마무리했다.

전체적으로 행사는 순탄하게 진행되었다. 나는 믿기지가 않았지만 사실 놀랄 필요는 없었다. 내 주변에는 끊임없이 앞으로 나아가고, 이런 행사를 성공적으로 치러내는 훌륭한 교육자들이 많이 있다. 나는 그들이 자랑스럽다. 아이들과 함께 참석해준 신사분들은 더더욱 자랑스럽다. 그저 좀 더 많은 시간을 함께 보냄으로써 추억을 만들고 관계가 더 돈독해졌기를 바랄 뿐이다. 아이들에게는 자신의 삶에 영향을 주는 남자 어른이 필요하다(여자 어른이 필요한 것과 마찬가지로).

와치독스 프로그램 개시 행사가 참담하게 실패한 후에 다시 뭔가를 시도한다는 것이 모험은 아니었을까? 물론 그랬다. 그 행사도 완전히 실패하고 모두가 낙담하게 될 수도 있지 않았을까? 어쩌면 그럴 수도 있었다. 걱정도 되고 스트레스도 받았지만, 아이가 다니는 학교에 올 만큼 아이에게 관심을 가진 남자 어른들과 아이들이 시간을 함께하는 것을 보며 우리는 준비하면서 애쓰고 고생한 보람을 느낄 수 있었다.

앞을 내다보라. 시대의 흐름에 발맞춰라

나(애덤)는 오랫동안 필기체와 타이핑typing, 그리고 그것들이 각각 학교 교육에서 어떤 의미를 가지는지에 대해 이야기해왔다. 최근에는 음성 입력(Voice typing: 음성을 인식해 문자로 입력해주는 기술―옮긴이)과 음성 응용 프로그램의 출현에 관심을 가지고 있다. 내가 보내는 문자 메시지의 대부분은 음성으로 문자를 입력해 보낸 것이다. 내 글의 대부분은 구글 문서도구에서 새로운 음성 입력 기능을 이용해 쓴 것이다.

올해 초에 나는 음성 입력에 관한 이야기를 했고, 우리 아이들에게 타자 연습을 시키는 것보다 이 도구를 사용하는 법을 가르쳐줘야 한다는 이야기를 하기 시작했다.

나는 외계인 눈길을 받았다. 그것은 동료들, 이사들, 다른 교사들 심지어 학부모들에게서 왔다.

요즘에는 같이 일하는 사람들 중에 음성 입력에 대해 이야기하는 사람들이 아주 많다. 학생들이 타자를 쳐야 할 때보다 훨씬 더 글을 많이 쓰고 있다는 이야기도 한다. 물론 글을 수정하기는 해야 하지만, 음성 입력 덕분에 많은 아이들이 어려워하는 키보드 조작을 하지 않고도 머릿속의 생각을 모두 적는 것이 가능해졌다.

나는 외계인 눈길을 명예의 훈장으로 받아들인다. 만약 당신의 아이디어가 괜찮다면, 아이들에게 도움이 된다면, 비용이 들지 않는다면, 그리고 성과가 보인다면, 다른 사람들이 어떻게 생각하든 염려하지 마라. 급진적으로 보이는 새로운 아이디어들은 보통 무시당한다. 아이들을 위한 최선의 일을 하고, 가치가 있는 아이디어를 밀고 나가라!

나는 외계인 눈길을 받았다. 그것은 동료들, 이사들, 다른 교사들 심지어 학부모들에게서 왔다.

단호하게 밀고 나아가라

너무도 많은 교육자들이 외계인 눈길을 받으면 뒤로 물러선다. 아이디어를 치워버리고 안전한 방식으로 돌아가 늘 해왔던 일을 한다. 체크리스트를 따르고 쉽게 받아들여지는 일만 한다.

왜일까? 왜 우리 가운데 더 많은 사람들이 그런 시선에 맞서지 않는 것일까? 왜 우리는 현 상황에 도전하고, 결과에 상관없이 아이들을 위한 최선의 일을 하는 데 집중하지 않는 것일까? 그런 일을 하지 않는다면 교육을 하고 있는 것이 아니다. 혁신과 창의성을 불러일으키고 있는 것도 아니다. 그저 똑같은 것을 더 많이 만들고 있을 뿐이다.

외계인 눈길을 받으면 기뻐하라. 그것은 다르게 생각하고 있고, 새로운 아이디어로 한계에 도전하는 노력을 하고 있다는 뜻이다. 모든 아이디어가 결실을 맺지 못한다 해도 아이들에게 가장 유익한 것을 주기 위해 계속 나아가고 있다는 뜻이다. 당신의 아이들은 그럴 가치가 있기 때문이다.

✖ 생각해보고 의견을 나눌 주제들 ✖

1 아마도 외계인 눈길을 받았을 역사 속 인물을 생각해보세요. 만약 그들이 한계에 도전하지 않았더라면 우리 세상은 어떤 모습이었을까요?

2 이전에 단념한 아이디어 가운데 지금은 다시 시도할 준비가 된 아이디어는 무엇인가요?

3 우리들 자신이 고정된 틀에 갇혀 있다면 어떻게 아이들이 새로운 사고를 하도록 자극할 수 있을까요?

#KidsDeserveIt

23장   우리가 직면한 전쟁

우리는 날마다 다음과 같은 전쟁에 직면한다.

- 학교 운영자금 부족
- 너무 많은 프로그램들
- 집중하기 어려움
- 각자 다른 방향으로 가고 있는 팀원들
- 장시간 근무로 가족들과 보낼 시간이 부족함
- 비현실적인 기대치
- 지지해주는 사람이 없고 혼자라는 기분이 듦
- 무언가를 시도할 때마다 듣는 "안 돼"라는 말
- 자신이 가진 큰 꿈과 아이디어에 대한 의문

때로는 이 전쟁에서 빠르게 이기지만 때로는 몇 날 며칠, 몇 주,

심지어 몇 년 동안 전쟁이 지속되기도 한다. 때로 이 전쟁은 너무도 많은 부수적 피해를 남겨서 교직을 떠날 생각을 하기도 한다. 우리의 과제는 어떻게 이 전쟁에 대처할지를 결정하는 것이다.

우리는 당신의 투쟁을 다른 이들과 함께 나눌 때 이겨내기 더 쉬워진다는 것을 알았다. 사람들과 이야기를 나누면서 다른 이들도 똑같은 일을 겪고 있다는 것을 알게 되고, 거기에서 위안을 얻을 수 있다. 어쩌면 우리는 자신의 쓰레기 더미에 너무 깊이 파묻혀 있어서 함께 나눌 생각을 하지 못하거나, 자신의 힘든 싸움으로 남들을 '귀찮게' 하고 싶지 않은 것인지도 모른다.

그러나 당신의 전쟁을 다른 이들과 함께 나눠야 한다. 그렇게 하면 짐이 한결 가벼워지고 가장 큰 전쟁도 조금은 더 수월하게 이겨낼 수 있을 것처럼 느껴진다. 또 혼자만 그런 것이 아니라는 사실을 떠올릴 수 있다. 우리는 이 문장을 사랑한다. "코끼리를 먹는 가장 쉬운 방법은? 조금씩 나눠서 먹는 거다."

당신의 투쟁을 다른 이들과 함께 나눌 때
이겨내기가 더 쉬워진다.

'우리의 동료'를 찾은 덕분에 우리 두 사람은 교직을 떠나지 않을 수 있었다. 이 연결을 통해 우리는 서로에게 자신의 연약함을 드러내 보였고 감정, 두려움, 실패, 기쁨, 몸부림, 축하할 일, 고통을 함께 나눴

다. 우리는 서로에게 자극을 주지만, 동시에 언제나 잘 들어주는 귀와 어깨를 내어준다. 교직은 힘든 직업이다. 우리는 함께 뭉쳐야 한다.

또한 우리는 가장 중요한 것에 집중해야 한다는 것도 배웠다. 시간을 균형 있게 쓸 필요가 있다. 자신에게 개인적인 기쁨을 주고 에너지를 충전해주는 일—학교나 교육과 전혀 관련이 없는 일—을 하는 데에 시간을 써야 한다는 것을 잊어서는 안 된다. 연결을 끊고 교육 이외의 일을 하는 시간을 내지 않는다면 에너지를 완전히 소진할 위험이 있다.

우리는 우리를 진로에서 벗어나게 하는 시련들을 이겨내야 한다. 전쟁은 언제나 있겠지만, 왜 우리가 이 일을 하는지를 기억하자. 우리는 그저 우리 자신을 위해 전쟁을 하고 있는 것이 아니다. 아이들을 위한 전쟁, 아이들에게 최선의 것을 주기 위한 전쟁을 하고 있다. 우리의 아이들은 자격이 있다.

✖ 생각해보고 의견을 나눌 주제들 ✖

1 당신이 최근에 직면한 전쟁은 무엇인가요?
2 당신의 동료들을 어떻게 지원할 수 있을까요?
3 당신을 지원해줄 동료들을 어떻게 찾을 수 있을까요?

#KidsDeserveIt

24장 당신의 배움을 충전하라

교직은 공부를 다 마쳤다고 생각하면서 시작하는 소수의 직업 중 하나이다. 교육자들은 대학을 졸업한 다음 세상으로 나갈 준비가 되었고 배움을 마쳤다고 생각한다. 이와 같은 태도를 가진 의사가 있는 방원에 가고 싶은가? 아마도 그 의사는 여러 해 동안 개업을 하고 있지만 연구나 의술에는 전혀 발전이 없을 것이다. 당신은 어떨지 모르지만 우리는 그런 의사를 찾아가지 않을 것이다.

그렇다면 우리가 만약 여러 해 동안 교수 방법을 바꾸지 않고, 새로운 연구들에 대해 공부하지도 않았다면, 학부모들이 자녀들을 우리 교실에 들여보낼 거라고 어떻게 기대할 수 있겠는가? 5년에서 10년 전만 해도 교육자들은 연수를 받기 위해서 허가를 받아야 했다. 교육청은 자금과 대체 교사를 찾아야 했다. 게다가 대체 교사를 위한 계획서를 쓸 시간을 낼 수가 없어서 연수를 받는 것을 단념하는 일도 많았다. 그 과정은 복잡하고 힘겨웠다. 그러나 우리는 더 이상 그런 세상에서 살고 있지 않다.

기술은 누구나 쉽게 들어갈 수 있는 무한한 배움의 세계를 열어주었다. 돈도 대체 계획도 필요 없다. 참가를 허가해달라고 요청할 필요도 없다!

기술은 누구나 쉽게 들어갈 수 있는
무한한 배움의 세계를 열어주었다.

오해하지는 말기 바란다. 직접 대면하는 학회나 연수도 많은 가치가 있다. 대화와 협력만으로도 가치가 있는 것이다. 그러나 우리가 말하고자 하는 핵심은 지금은 너무도 많은 선택지가 있다는 것이다. 페이스타임(애플이 만든 영상 통화 서비스—옮긴이), 구글 행아웃, 페리스코프, 박서 같은 소셜 미디어 네트워크와 도구를 통해 우리는—하루 24시간, 일주일에 7일을—전 세계 곳곳의 교육자들과 연결되고, 그들에게 배우며 함께 성장할 수 있다.

우리는 교육자들이 배움을 계속하지 않는 것에 대한 많은 핑계를 들어왔다. 그러나 아직까지 "그래요. 당신 말이 맞아요. 지속적인 교육이 정말 중요한 건 아닌 것 같아요" 같은 말을 우리에게서 나오게 하는 이유는 들어보지 못했다.

시간이 없다 우리의 기본 신념은 자신에게 중요한 일을 위해 쓸 시간은 있다는 것이다. 즉 진짜 문제는 시간이 아니라는 것이다. 우리는 지속적인 배움이 교육자들에게 중요한 일이 되어야 한다고 믿는다. 당신이 시간을 어디에 쓰는지 살펴보라. 자기 개발이나 전문성을 개발할 여유가 생기도록 시간을 다른 식으로 쓰거나 일정을 변경할 수는 없을까? 아주 많은 시간이 필요한 것도 아니고 복잡한 일도 아니다. 그저 당신이 하고 싶은 것을 이미 하고 있는 다른 사람을 찾아서 그들에게서 배우고 자기 교실에 맞게 그들의 방법을 적용해보라. 이미 있는 것을 처음부터 다시 만드느라 시간을 허비하지 말고, 그저 조금씩 개선해보라.

신기술은 뭐가 뭔지 모르겠다 우리는 교육자들이 이런 말을 하는 것을 들으면 기쁘다. 왜냐고? 그럴 때 우리는 구글이라고 불리는, 누구나 접근 가능한 이 대단한 도구에 대해 그들에게 이야기하게 되기 때문이다. 기기나 기기 사용법을 잘 모를 때에는 그냥 구글에서 검색해보면 된다. 그런 다음 유튜브 영상을 보거나 기사를 읽고 독학으로 터득한다. 얼마나 자주 우리는 우리 아이들에게 스스로 답을 찾아보라고 말하는가? 아이들에게는 그렇게 하라고 말하고는 정작 자신은 그런 일을 하는 데 시간을 들이지 않는 것이 어째서 괜찮은가?

교육청에서 허락하지 않을 것이다 당신을 더 나은 교육자로 만들어주거나 아이들에게 이득이 된다고 생각되는 일을 하고자 할 때 "안 된다"는 말을 얼마나 많이 들었는가? 우리도 그런 경험이 있다. 그것도 여러 번. 온라인 도구를 통해 배우는 데 시간을 투자하라. 교육청에 아무런 비용이 들지 않는다. 당신이 성장하고 있고, 당신이 배운 것이 아이들에게 도움이 된다는 것을 당신의 감독관이 본다면 앞으로 있을 연수 기회를 허락할 가능성이 높을 것이다. 그러지 않는다 해도 여전히 당신은 아이들이 당연히 받아야 하는 것들을 제공하고 있는 것이다.

정말 가치가 있는지 모르겠다 너무도 자주 우리는 배움을 계속하는 것이 도움이 되는지 모르겠다는 말을 듣는다. 배움의 가치는 우리가 아이들을 위해 한계에 도전하고 대단한 일을 할 수 있다는 것을 아는 데에 있다. 원하는 대로 쓸 수 있는 아주 많은 자원을 통해 우리는 '현실의' 교사들이 정확히 어떻게 아이들에게 긍정적인 영향을 미치고 있는지를 볼 수 있다. 그런 교사들을 보고 배우면서 우리의 아이들과 나눌 더 많은 지식과 아이디어를 얻을 수 있다.

나는 여러 해 동안 잘 지내왔다. 지금 변화가 왜 필요하지? 어떤 특정한 방식으로 일을 해옴으로써 나름의 성공을 발견해온 교육자들도 있다. 그들은 기존의 방식에 편안함을 느끼고 바꿀 이유를 찾지 못한다. 우리가 언제나 묻는 질문은 이것이다. "만약 세상이 에어컨이나 TV, 자동차가 없어도 멋진 곳이었다면 변화해야 할 이유가 어디에 있었겠는가?" 우리의 세상은 매우 빠른 속도로 변화한다. 우리의 삶을 더 낫게 만드는 새로운 아이디어를 끊임없이 찾아내기 때문이다. 우리도 변화해야 한다. 그러지 않는다면 결국에는 성장하고 앞서가는 사람들과의 경쟁에서 비디오 대여점처럼 밀려나게 될지도 모른다.

우리는 시험 성적이 이미 좋다 모든 상황이 좋은데 왜 앞으로 나아가야 할까? 바로 그때가 밀어붙여야 할 때이다. 좋아하는 격언 중에 짐 콜린스Jim Collins가 한 말이 있다. "좋은 것은 위대한 것의 적이다"라는 말이다. 시험 성적을 배움의 이유로 들 때 딱 들어맞는 말이다. 성적이 좋으면 혁신은 불필요하다는 것은 잘못된 생각이다. 시험 성적이 높으면 안전하고, 현재 상태를 유지할 수 있을 것 같고 편안하고 여유가 있다. 사실상 시험 성적은 당신에게 모험을 시도할 수 있는 자본을 준다. 교육계에 있지 않은 사람들은 시험 성적을 신뢰한다. 손가락으로 가리킬 수 있는 숫자이기 때문이다. 항상 앞으로 나아가야 하는 건 아니라고 말할 핑계를 찾지 마라. 시험 성적이 높을 때가 더 힘껏 밀어붙이고 더 참신한 아이디어를 시도할 특별한 기회이다.

핑계다. 하나같이 모두 변화와 창의성, 혁신을 늦추는 핑계에 불과하다. 핑계는 무시하고 당신의 배움을 충전하라. 새로운 일을 시도하고 더 나아지기 위해 노력하라. 당신의 아이들은 자격이 있다.

✖ 생각해보고 의견을 나눌 주제들 ✖

1 사람들이 자신의 배움을 책임지지 않기 위해 어떤 핑계를 대는 것을 들었나요? 당신은 어떤 핑계를 댔나요?

2 배움을 계속하기 위한 도구나 자원 중 당신이 가장 좋아하는 것은 무

엇인가요?

3 계속 성장하고 배우는 것이 왜 중요하다고 생각하나요?

#KidsDeserveIt

25장 어른들은 그저
덩치 큰 아이다

우리가 관리자의 길에 처음 들어섰을 때 들은 가장 좋은 조언 중 하나는 이것이다. "이제 선생님은 어른들을 상대하게 되겠군요. 아이들을 다루는 데 뛰어난 분이시니 이걸 기억하세요. 어른들은 그저 덩치가 더 큰 아이라는 것을요." 그 말을 듣고 처음에는 웃었지만 어른들과 일을 하면 할수록 그것이 사실이라는 것을 알게 되었다.

직원들과 동료들을 칭찬하라

'참 잘 했어요' 카드 나눠주기(5장 참고)는 나(토드)의 학교 상황을 많이 바꿔놓았다. 우리 아이들은 인정받고 싶어 하며, 특히 자기 가족들 앞에서 인정받기를 원한다. 아이들의 가족들도 변했다. 수많은 학부모들이 우리 전화를 받고 눈물을 삼켰다. 그때껏 전화해서 자기 아이에 대해 좋은 이야기를 해주는 사람이 아무도 없었기 때문이다.

나는 전화를 계속 하면서 어른들이 덩치 큰 아이라는 조언을 기억했다. 그리고 아이디어가 떠올랐다. '참 잘했어요' 같은 것을 어른들을 위해 하는 건 어떨까? 나는 그 아이디어를 실행에 옮기기로 했다. 하지만 직원들이 깜짝 놀라도록 전혀 예상하지 못한 상황에서 시작하고 싶었다.

10월에 우리 학교 식구들에게 교내 프로젝트를 기획 중이라고 알리고, 구글 설문지를 보냈다. 부모님의 전화번호와 주소, 부모님이 안 계시거나 관계가 소원한 사람들은 자기 인생에서 '부모님'의 자리를 차지하는 다른 누군가의 전화번호와 주소를 적어야 하는 양식이었다.

12월 한 달 동안 나는 명단에 있는 모든 가족 구성원 한 사람 한 사람에게 카드를 썼다. 그들의 '아이'가 우리 학교에서 일하고 있다고 말하고는 내가 생각하는 그 아이의 훌륭한 자질들을 열거했다. 그들의 아들딸이 우리와 함께해서 우리 팀이 얼마나 더 강해졌는지도 말해주었다.

크리스마스 휴가 기간에 맞춰 도착하도록 카드를 우편으로 보냈다. 그 가족들이 특별한 크리스마스 깜짝 선물을 받게 해주고 싶었다. 나는 휴가 기간 동안 직원들과 그들의 가족들로부터 11개의 각각 다른 메시지를 받았다. 그 간단한 카드가 자기에게 얼마나 큰 의미였는지를 말하는 내용이었다. 부모들이 내 직원들보다 더 많은 감동을 받은 것 같았다. 생각해보라. 장성한 자녀의 고용주로부터 자녀가 얼마나 능력을 인정받고 있는지에 대해 피드백을 받는 것이 그리 흔한 일인가? 자주 있는 일은 아니다. 이런 일은 더 많이 있어야 한다.

아이들뿐 아니라 성인의 진가를 인정해주는 편지를 보내는 단순한 행동으로 학교가 어떻게 바뀔 수 있을지 상상해보라. 부모들에게 보낸 편지는 시작에 불과했다. 그 다음 몇 달 사이에 나는 학교의 어른들에게도 '참 잘 했어요' 카드를 주기 시작했다. 그들은 보통 수업이 없는 시간이나 방과 후에 내 방으로 오라는 이메일이나 박서 메시지를 받았다. 그들이 오면 나는 '참 잘 했어요' 카드를 주면서 그들에 대해 내가 높이 평가하는 점들을 말해주었다. 그런 다음 내가 누구에게 전화를 걸어주면 좋겠냐고 물었다. 나는 "진심이세요?"라고 말하는 얼떨떨한 얼굴을 마주하는 것을 여전히 좋아한다. 내가 진지하다는 사실을 확인시켜주면 그들은 보통 부모님의 전화번호를 알려준다. 4학년 학생의 부모에게 전화하는 것이 흥미진진하다고 생각한다면 학교에 근무하는 어른의 부모에게 전화해 통화될 때까지 기다려라!

언제나 처음 순간에는 깜짝 놀라는 반응이 온다. 그러면 나는 그분들에게 내가 왜 전화를 걸었는지, 내가 얼마나 그들의 자녀에게 고마워하는지, 자녀를 훌륭하게 키워주셔서 얼마나 감사한지 등을 설명한다. 언제나 웃음이 있고, 때로는 약간의 눈물도 있고, 심지어 부모와 자녀 사이에 "사랑합니다"라는 말이 전화기를 통해 오갈 때도 있다(우리 모두는 사실 그저 덩치 큰 아이일 뿐이니까).

직원들의 부모에게 전화해서 그들의 '자녀'가 학교에서 하고 있는 훌륭한 일들을 말해주는 것에 대해 생각해보라. 아이들을 인정해준다면 어른들을 인정해 주지 못할 이유가 있겠는가?

그리고 관리자들만 이 일을 할 수 있는 것도 아니다. 같이 일하는 사람들, 자기 팀 사람들, 구내식당 직원들—모두—의 능력을 인정해줄 수도 있다! 요지는 주변 사람들의 진가를 알아봐주자는 것이다. 그들이 얼마나 중요한 사람인지 일깨워주어라.

우표를 사느라 돈을 써야 할까? 그렇다. 카드를 다 쓰고 나면 손이 아플까? 그렇다. 시간이 걸릴까? 그렇다. 이런 행동의 긍정적인 파장이 앞으로 오랫동안 느껴질까? 당연히 그렇다. 그것 때문에 우리가 이 일을 하는 것이다. 우리 아이들의 삶 속에 있는 어른들 또한 가치를 인정받는다는 느낌을 갖게 하는 일을 말이다. 우리 아이들은 자격이 있다!

주변 사람들의 진가를 알아봐줘라.

그들이 얼마나 중요한 사람인지 일깨워줘라.

✖ 생각해보고 의견을 나눌 주제들 ✖

1 어떤 창의적인 방법으로 당신의 삶에 있는 어른들의 진가를 인정해줄 수 있을까요?
2 다른 어른들에게 인정받은 때가 언제였는지 기억하나요?
3 가장 최근에 자신의 가치를 인정받았다고 느낀 게 언제였나요?

#KidsDeserveIt

26장 ⟋ 플러그를 뽑고 재충전하라

교육자들은 하루 8시간이 훨씬 넘는 시간을 일한다. 그들의 일은 아이들, 회의, 연수, 전화 통화, 이메일, 문서 처리, 성적 등을 위한 시간을 짜맞추는 복잡한 퍼즐이다. 그러나 아이들이 그럴 가치가 있다는 것을 알기 때문에 교육자들은 지칠 줄 모르고 헌신적으로 일한다. 그들은 학생들에게 지속적인 영향을 미칠 수 있는 시간이 많지 않다는 것을 알고 있다.

그래서 우리는 종종 스스로를 혹사시킨다. 일에 파묻히고, 에너지를 소진한다. 우리는 최고의 교육자들마저도 에너지 소진으로 인해 얼마나 빨리 좌절할 수 있는지 보아왔다. 그렇다면 어떻게 해야 그런 일이 일어나지 않게 할 수 있을까?

플러그를 뽑고 재충전하는 것이 중요하다. 전화, 이메일, 쉴 새 없는 페이스북과 소셜 네트워크에서 분리되는 시간을 가져라. 그런 것들이 끊임없이 우리를 잡아끌기 때문에 분리되는 것이 쉬운 일은 아니다. 그러나 때로는 그것들을 한쪽으로 치워두는 것이 중요하다. 가장 가까운 사람들과 시간을 보내라 ─ 아니면 혼자만의 시간을 가져라. 그런 시간을 통해 에너지를 충전할 수 있다.

가장 가까운 사람들과 시간을 보내라 ─ 아니면 혼자만의
시간을 가져라. 그런 시간을 통해 에너지를 충전할 수 있다.

당신을 행복하게 만드는 일을 ─ 학교와는 아무 관련이 없는 일을 ─ 하라. 정원 가꾸기, 그림 그리기, 연극 동아리 들어가기, 요가, 달리기 등 할 일은 무궁무진하다! 자기 자신을 위해 시간을 쓰는 것은 자신을 잘 돌보는 것이기도 하다. 또한 가장 좋은 교육자에게 배울 자격이 있는 아이들을 위해 더 나은 교육자가 되는 것이기도 하다.

꺼라

나(애덤)는 매일 퇴근할 때 전화기의 업무 이메일이 꺼지도록 설정한다. 일과가 끝나고 나면 ─ 열 시간 넘게 일했다 ─ 그때부터는 가족과 시간을 보낸다. 그런데 플러그를 뽑는 것과 관련해 더 큰 아이디어가 있었다. 솔직히 말하면 해낼 수 있을지 자신이 없었지만 과감히 실행에 옮겼다. 나는 아이폰을 집에 놔두고 가족들과 함께 ─ 5일 동안 ─ 해변에서 여유로운 시간을 보냈다.

사람들에게 내가 무엇을 했는지 말했을 때 깜짝 놀라는 반응이

많았다.

- "와, 대담한데!"
- "나는 그렇게 못 해. 연결이 안 되어 있으면 난 스트레스를 받을 거야."
- "무슨 일이 일어나고 있는지 어떻게 알아요? 식당이나 다른 것들은 어떻게 찾아요?"

우리는 매 시간마다(또는 분 단위로) 우리를 연결되게 하는 도구를 확인하는 것에 익숙해져 있다. 나는 휴식이 필요한 시간이라고 판단했다.

아내와 아이들과 함께 보낸 그 5일은 최고의 시간이었다. 차를 타고 30분쯤 지나자 '전화기를 확인하는' 근육 기억이 느슨해졌고, 가족과의 대화에 완전히 몰입할 수 있었다. 나는 호텔에서, 해변에서, 산책길에서, 저녁 외식에서 매 순간 100퍼센트 열중했다. 내 친구 한 명은 아이폰 없이 여행 기록을 어떻게 남겼는지 물었다. 나는 카메라를 가지고 갔고, 문제는 해결되었다.

집에 돌아와서 몇 개의 문자 메시지와 이메일, 소셜 미디어 알림에 답신을 보냈지만, 전화기를 가지고 가지 않아서 곤란한 점은 조금도 없었다.

우리 학생들뿐 아니라 우리 자신도 돌봐야 한다는 것을 기억하는 것은 대단히 중요하다. 교육 영역에서 분리되어 그냥 존재할 시간이 필요하다.

그러니 실행해보라! 휴대전화는 집에 두고 완전히 연결을 끊어라. 곁에 있는 사람들에게 온전히 관심을 집중하라. 준비된 상태로 학교로 다시 돌아갈 수 있도록 플러그를 뽑고 재충전하라. 당신의 아이들은 그럴 가치가 있다.

✖ 생각해보고 의견을 나눌 주제들 ✖

1 가장 최근에 플러그를 뽑은 게 언제였나요? 어떤 점이 좋았나요?
2 연결을 끊는 것과 관련해 가장 두려운 것은 무엇인가요?
3 연결을 끊는 것이 왜 중요하다고 생각하나요?

#KidsDeserveIt

27장 알맹이는 더 많이, 장식은 더 적게

우리는 모두 본 적이 있다. 놀랍고 감탄이 절로 나는 교실 환경이나 교수 아이디어에 관한 게시글, 핀터레스트(이미지 공유 및 검색 서비스─옮긴이) 이미지, 페리스코프 인터뷰, 공유된 페이스북 링크 같은 것들. 눈부시고 빛나고 정말로 근사해 보인다. 그런데 알고 보면 알맹이보다 장식이 더 많다.

우리 역시 그 반짝거리는 장식에 매료되었다는 것은 인정한다. 우리는 다른 누군가의 수업 장면이 담긴 놀라운 사진들을 보았다. 그러나 우리는 핵심적인 알맹이가 가득 찬 재미있는 수업을 설계하기보다는 빛나고 화려한 장식이 많은 수업에 만족하고 말았다.

그 필요는─자신을 남들과 비교하고, 그들 못지않은 깜찍한 아이디어를 시도해야 한다는 생각은─어디에서 비롯된 것일까? 이런 태도는 분명 중등 교육보다는 초등 교육에 더 널리 퍼져 있다. 결국 그 필요는 자신이 만족하는 수업과 공간을 설계하고 싶은 마음에서 나왔을 것이다. 우리는 다른 사람들에게서 이런 말을 듣고 싶어 한다. "오, 너무 귀엽다!" 또는 "학생들이 정말 재미있어 할 것 같아요!"

오해하지는 말기 바란다. 재미는 중요한 요소이다. 학생들이 배우는 과정을 좋아하지 않는다면 기억할 가치가 있는 어떤 것도 배우지 못할 것이다. 그러나 화려한 장식 ― 수업 시간에 터져 나오는 반짝이고 빛나는 감탄과 탄성 ― 에 지나치게 많이 집중해서는 안 된다. 우리가 원하는 것에만 집중해서는 안 된다. 재미있는 수업은 ― 화려한 수업도 ― 좋다. 그러나 반드시 교육과정과 연결되어야 한다. 구체적인 학습 목표가 있어야 하고, 그와 관련된 성과를 얻어야 한다. 아이들이 더 깊이 사고하도록 이끌어주어야 한다. 수업에는 알맹이가 있어야 한다.

우리의 친구이자 '초등학교 장난'이라는 웹사이트www.elementaryshenanigans.com를 운영하는 호프 킹Hope King은 가장 기발하고 참신한 수업을 하는 교사이다. 호프는 변신의 여왕이다. 자기 교실을 북극권으로 변신시키기도 하고 쥬라기 월드를 만들어내기도 한다. 그러나 호프는 언제나 학습 내용을 가장 중요하게 생각한다. 다른 모든 것들은 학습 내용을 중심으로 돌아간다. 아무리 기막힌 아이디어가 있다 해도 학습 내용을 쇼의 주인공으로 만들 수 없다면 그 수업을 하지 않는다.

우리도 이렇게 해야 한다. 배움이 일어나지 않는데도 얼마나 재미있어 보이는지에 집착해서는 안 된다. 우리가 학생들과 보내는 시간은 짧고, 일분일초도 낭비할 수 없다. 다시 말하지만, 아이들과 재미있는 시간을 가지지 말라는 뜻은 아니다. 언제나 배움에 집중해야 한다는 얘기이다.

그러니 창의력을 발휘하라. 혁신을 시도하라. 가장 재미없는 학습 과제를 찾고, 그 수업에 재미를 첨가할 기발한 방법을 생각하라. 그러나 목적에 집중하라. 데이브 버제스가 말한 대로 "아이들이 돈을 내고서라도 듣고 싶어 할" 수업을 만들어라.

수업 시간을 최대한 알차게 활용하라. 아이들에게 알맹이는 더하고 장식은 뺀 교육 다이어트 식단을 제공하라. 배움을 재미있게 만들되 목적에 집중하라. 아이들은 자격이 있다.

가장 재미없는 학습 과제를 찾고,

그 수업에 재미를 첨가할 기발한 방법을 생각하라.

✖ 생각해보고 의견을 나눌 주제들 ✖

1 알맹이보다 화려한 장식에 집중한 적이 있었나요? 왜 그랬나요?

2 교사들이 새로운 사고를 하면서도 내용에 집중하는 수업을 하도록 어떻게 격려할 수 있을까요?

3 내용에 집중하면서도 대단히 인상적인 수업을 설계하기 위해 정말로

노력한 게 언제였나요? 그런 적이 없다면 무엇 때문에 그렇게 하지 못
하고 있나요?

#KidsDeserveIt

28장 독서에 대한
사랑을 위해

우리는 책을 읽는 것을 좋아한다. 특히 학생들이 가득 찬 교실에서 책을 읽어주는 것을 좋아한다. 교육자로서 독서의 중요성과 독서가 아이의 교육 전반에 미치는 영향을 잘 안다. 그런데 어떻게 하면 우리 학생들에게 책 읽기에 대한 사랑을 심어주고, 그저 점수를 얻거나 독후감을 쓰기 위한 독서에서 벗어나게 할 수 있을까?

운동을 시작하다

나(토드)는 5학년 때까지 책 읽기를 싫어했다. 그러다가 캐서린 A. 애플게이트K. A. Applegate가 쓴 『애니모프Animorphs』 시리즈를 알게 되었다. 그 작은 시리즈 덕분에 책 읽기에 푹 빠지게 되었다. 할머니가 색인 카드 상자와 엄청나게 많은 색인 카드를 내게 줬던 것을 아직도 기억한다. 내가 책 한 권을 읽을 때마다 할머니는 제목과 저자, 책에 대한 짤막한 소개글을 색인 카드에 쓰게 했고, 그 카드를 알파벳 순으로 내 작은 상자에 정리해 보관하게 했다. 할머니 집에 가면 할머니는 한 권을 다 읽고 정리할 때마다 50센트를 주었고, 우리는 그 돈으로 다른 책을 사러 갔다. 나는 책 읽기에 흠뻑 빠졌다.

나는 수학을 가르쳐왔고 그 일을 좋아하지만, 학생들에게 독서에 대한 사랑을 심어주는 일에도 노력을 기울였다. 교실에 200권이 넘는 책을 갖춘 학급 문고도 있었다(지금은 교장실에 그 문고가 있다). 그러나 오랫동안 우리 교육구에서 독서는 학생들을 위한 최우선 관심 사항이 아니었고 그런 열정도 없었다. 감사하게도 우리 팀 전체는 그런 상황을 바꾸는 데 대단한 열의를 보이고 있다.

어느 해 크리스마스 휴가 동안 도날린 밀러Donalyn Miller의『수업 중 15분 행복한 책 읽기The Book Whisperer』를 읽은 후, 나는 학교 전체를 대상으로 한 프로그램 아이디어가 떠올랐다. 아래는 내가 직원들에게 보낸 메시지이다.

저는 언제나 나 자신을 수학 교사로 여겨왔지만, 사실 수학은 학교 다닐 때 가장 싫어했던 교과였습니다. 책 읽기와 글쓰기를 좋아했는데, 5학년 때까지는 좋아하지 않았습니다. 왜 그랬을까요? 내게 딱 맞는 책을 찾지 못했기 때문입니다. 언제나 의무적으로 어떤 책을 읽어야 한다는 말을 들었고, 학급 전체가 읽고 있는 책은 저에게 맞지 않았습니다. 그래서 책 읽기가 싫었습니다. 그런데 중학생이 되어 우연히 『애니모프』 시리즈를 접하게 된 후부터 달라졌습니다. 그 후에 60권 가량의 애니모프 시리즈를 읽었고, 그 이후 완전히 책읽기에 빠져서 독서광이 되었습니다.

기억하실지 모르겠지만, 우리가 모든 직원들에게 했던 질문도 "자신이 책을 좋아하는 사람이라고 생각합니까?"와 "가장 최근에 읽은 책은 무엇이었나요?"였습니다. 아시다시피 교사로서 우리 또한 책 읽기를 계속해야 합니다. 일이 산더미처럼 쌓여 있어도 배움을 계속해야 하고, 시간을 내어 우리 학생들이 읽는 책을 읽어야 합니다. 그렇게 한다면 독서는 단순히 우리가 학교에서 아이들에게 하라고 시키는 것이 아니라, 우리가 학생들과 공유하는 열정이 될 수 있습니다.

저는 휴가 중에 『수업 중 15분 행복한 책 읽기』라는 책을 읽었는데, 그 책 덕분에 우리가 학교에서 더 잘 할 수 있는 일에 대한 아이디어가 떠올랐습니다. 최근에 저는 에듀올스타즈EduAllStars라는 팟캐스트(Podcast: 사용자가 구독하거나 선택해 청취하는 방송서비스—옮긴이)에서 저자인 도날린 밀러와 인터뷰도 했습니다. 또한 그 책을 우리의 '직원 한 명당 책 한 권' 첫 학습 모임에서 읽을 책으로 선정했습니다. 저는 모든 직원들이 다 같이 도날린의 책을 탐독하도록 격려할 것입니다.

그렇지만 이것은 그저 시작에 불과합니다. 『수업 중 15분 행복한 책 읽기』를 함께 읽는 것은 우리가 이번 학기에 시작할 새로운 독서 프로그램의 첫출발이 될 것입니다.

1월에 시작해서 우리는 모든 어른과 아이들이 학년 말까지 20권의 책을 읽을 것을 권장할 계획입니다. 지금은 20권이 특히 학생들에게는 많아 보일지 모르지만, 사실 그렇지 않습니다. 그 20권은 학생들이 직접 고를 수 있습니다. 학년 수준 같은 것은 고려하지 않아도 됩니다. 어떤 특정 독서지수의 책을 고를 필요도 없습니다. 우리가 바라는 것은 학생들이 책을 읽고 책과 사랑에 빠지도록 격려하는 것이고, 또한 우리도 다 같이 책을 읽는 것입니다. 물론 20권이라는 목표에 도달하지 못하는 학생들이 있을 거라는 것도 압니다. 그래도 괜찮습니다. 그저 아이들이 전보다는 독서를 더 많이 하게 되기를 바랍니다. 한 학년 동안 혼자서 한 권 밖에 못 읽던 아이가 다섯 권을 읽어낸다면 그것은 크게 칭찬할 일입니다! 그럼에도 우리는 여전히 모든 학생들이 20권을 목표로 잡기를 바랍니다.

다음은 우리가 앞으로 하게 될 일들입니다.

- 모든 교사들은 자신이 현재 읽고 있는 책이 무엇인지 보여주는 안내문을 자기 방문이나 근처에 붙입니다(네, 아이들이 읽고 있는 책을 읽는 것도 괜찮고 권장합니다).

- 독서 현황판을 복도 벽에 게시할 것입니다. 모든 아이들과 직원들은 자신이 읽고 있는 책과 20권 목표에 얼마나 근접하고

있는지를 기록으로 보여주는 자신만의 현황판을 갖게 될 것입니다.

- 매일 아침 안내 방송에서 직원들 중 누군가는 자신이 읽고 있는 책과 그 책을 고른 이유를 학생들에게 이야기합니다. 좋은 책을 홍보하는 또 다른 방법이죠!

- 시간이 지나면 학생들이 교내방송에 나와서 자신이 읽고 있거나 얼마 전에 읽은 책에 대해 이야기하게 될 것입니다. 그러니 아이들에게 관심을 기울이세요! 책과 사랑에 빠진 학생이 있다면 저와 이야기를 나눌 수 있도록 보내주세요. 그 아이들은 교내방송에서 자신의 경험을 나누게 될 것입니다.

- 학생들이 다섯 권을 읽을 때마다 축하를 해줄 계획입니다. 다섯 권을 읽고 나면 제가 축하할 수 있게 보내주세요!

- 학생들은 책 한 권을 끝내고 나면 자신의 목표 기록장에 내용을 추가합니다. 독후감을 제출할 필요도 없고, 프로젝트를 진행하거나 양식을 작성할 필요도 없습니다. 아이들은 책을 읽는 데 시간을 써야 합니다. 많은 분량의 독후감이나 프로젝트를 하게 해서 실제로 독서하는 데 쓰는 시간보다 더 많은 시간을 쓰게 해서는 안 됩니다.

- 매일 아침 학생들이 등교한 다음 안내 방송이 나오기 전까지 모든 학생들은 책 읽기를 해야 합니다. 우리는 또한 아침 식사 시간이나 하교 시간에 버스를 타러 갈 때도 책을 읽으라고

할 것입니다. 이 말은 즉 학생들에게 책이 필요하다는 것입니다. 학생들을 데려가 책을 고르게 하지 않았거나 책이 있는지 확인하지 않았다면 그렇게 해야 할 것입니다.

- 모든 교실에는 학급 문고가 있어야 합니다. 어떤 교과를 가르치는지는 상관없습니다. 그러니 학생들이 고를 수 있도록 책을 모으는 일을 바로 시작하세요!
- 학생들을 중재 프로그램에 참여시킬 때도 책을 가지고 가게 합니다.
- 목표한 20권에 가까워진 학생이 있으면 저는 그 학생들을 만나서 가장 좋아하는 작가와 책을 알아낼 것이고, 스카이프나 구글 행아웃 등을 이용해 그 책들의 저자들과 협업할 방법을 찾을 것입니다.
- 학생들이 책 한 권을 마치면 그 책을 가지고 내 방으로 오게 해주세요. 학생들의 사진을 찍어서 앞으로 만들 학교 독서 벽에 게시하고 트위터와 페이스북에도 올릴 것입니다.
- 일과 중에 학생들이 각자 알아서 책을 읽을 시간을 주세요. 바로 집에서 책을 읽을 거라고 기대하는 것은 현실적으로 무리인 학생들이 많습니다. 먼저 학교에서 독립적인 책 읽기 시간의 중요성을 알게 해주어야 합니다.
- 여러분의 교실에 가서 학생들과 짧은 이야기를 읽거나 개인적인 책 추천을 해줄 시간을 잡으려고 연락하는 직원들이 있

을지도 모릅니다. 아이들은 그런 시간을 무척 좋아합니다.

독서는 우리 삶의 모든 측면과 학교에서 가르치는 모든 교과에 영향을 미칩니다. 그것은 가장 중요한 부분이며, 또 중요하게 다뤄져야 합니다. 연습 문제지나 교과서 지문을 읽는다고 책 읽는 법을 배우는 것도 아니고 책 읽기와 사랑에 빠지는 것도 아닙니다. 누가 정해준 책이 아니라 자신이 푹 빠진 책이나 이야기를 통해 스스로 책 읽기를 연습하게 해야 합니다. 우리 아이들 모두가 독서에 대한 사랑을 키워나갈 수 있도록 다 함께 노력합시다! 우리 아이들은 자격이 있습니다!

학교 전체를 대상으로 한 독서 프로그램을 시작했을 때 아이들의 반응은 뜨거웠다. 우리는 구내식당의 거대한 벽을 다 읽은 책을 들고 있는 아이들의 사진들로 가득 채웠다. 학생들은 교내방송에서 자신이 읽고 있는 책에 대한 이야기를 전교생과 나누었다. 교사들은 각자 자기 교실 문에 읽고 있는 책을 기념하고 홍보했다. 셀 수 없이 많은 학생들이 내게 와서 교장실 서재에 있는 책을 '대출'해 갔다. 아이들은 아침식사 시간과 하교 시간에도 책을 읽었다. 독서를 하면서 책과 사랑에 빠지고 있었다. 바로 그 점이 가장 중요한 부분이었다.

교실에서 책 읽어주기

나(애덤)는 어렸을 때 책 읽기를 좋아하지 않았다는 것을 고백해야 겠다. 말도 안 되는 게, 우리 아버지는 2학년 학생을 가르치는 교사 였다. 집 안 어디에나 책이 있었고, 부모님은 밤마다 우리에게 책을 읽어주었으며, 아버지의 거대한 책장에는 1,000권이 넘는 책이 꽂 혀 있었다.

나의 독서 열정이 불붙기 시작한 것은 3학년 때 로알드 달Roald Dahl을 알게 되면서부터였다. 그때부터 나의 읽기 여정이 시작되었 다. 내 머릿속 깊숙이 자리 잡은 나의 과거 때문에 내게는 언제나 교사 와 교장으로서 책을 읽기 싫어하는 아이들을 도와야 한다는 특별한 사명이 있었다. 나는 어린 나이에 독서 열정을 키운다면, 그 열정이 평생 지속될 가능성이 훨씬 더 높다고 진심으로 믿는다.

책 읽기는 중요하다. 특히 아이들에게는 정말로 중요하다. 나는 4년 전에 학생들에게 책 읽어주기를 시작했다. 구체적으로 말하면 매달 각 학급 아이들에게 같은 책을 읽어준다. 모든 학급에서 그달 의 책을 읽어준 다음에는 언제나 그 책을 우리 학교 도서관에 기증 했다.

4년이 지난 지금 아이들은 내게 언제 와서 책을 읽어 줄 거냐고 매일 묻는다. 아이들과 부모들은 언제나 내게 책을 추천하는데, 이게 대단히 재미있다. 내가 책 선정에 꽤 높은 기준을 가지고 있는 것은 맞 다. 대개 나는 우리의 '이 달의 학생' 주제와 어울리는 이야기를 고른다. 학생들과 함께 책을 읽으면 놀라운 대화를 할 수 있고, 교사들이 훌륭한 후속 수업을 할 수도 한다.

책을 읽어준 첫날 이후 나는 책 읽어주는 교장이 되었다. 학생들에게 책을 읽어주는 것은 단연코 내가 교장으로서 하는 가장 영향력 있는 활동이다.

학생들에게 책을 읽어주는 것은

단연코 내가 교장으로서 하는 가장 영향력 있는 활동이다.

그냥 계속 읽어라

읽기는 필수적인 스킬이다. 그것은 연마하고 활용해야 하는 역량이다. 우리는 더 이상 학교를 특정 수업 시간이나 미리 정해진 시간 동안만 책을 읽는 곳으로 여겨서는 안 된다.

또한 학생들에게 우리가 책을 읽는 모습을 보일 필요도 있다. 학교에서 맡은 역할이 무엇이든 우리 역시 책과 사랑에 빠졌다는 것을 학생들에게 보여주어야 한다.

다음은 그 일을 할 수 있는 몇 가지 방법이다.

- 쉬는 시간이나 수업이 비는 시간에 교실에서 책을 읽어주겠다고 제안한다.

- 자신이 읽고 있는 책을 홍보한다.
- 책 소개 영상을 만든다. 아니면 학생들에게 책 소개 영상을 만들게 하면 더욱 좋다.
- 아이들이 읽을 수 있는 모든 종류의 책으로 가득 찬 학급 문고를 만든다.
- 학생들이 다른 교실에 가서 책을 읽어주게 한다('자기 책'을 찾으면 책 읽기를 힘들어하던 학생들도 자신감이 크게 높아진다).
- 다른 학년의 학급과 결연을 맺고 책 읽기 친구를 만든다.
- 어떤 날은 책에 나오는 캐릭터로 분장한다.
- 책을 읽어줄 지역사회 인사를 초대한다.
- 교실에서 학생들에게 책을 읽어줄 때는 우스꽝스러운 목소리와 과장된 몸짓을 이용한다.
- 자신이 책 읽는 소리를 녹음해서 다른 사람들이 이용하거나 학생들이 들을 수 있도록 업로드한다.

✖ 생각해보고 의견을 나눌 주제들 ✖

1 자신이 책 읽기를 좋아하는 사람이라고 생각하나요? 만약 그렇지 않다면, 그 이유는 무엇일까요? 어떻게 하면 학생들을 위해 더 모범을 보일 수 있을까요?

2 아이들에게 책 읽기에 대한 사랑을 심어주기 위해 당신이 한 훌륭한

일은 무엇인가요?

3 아이들과 같이 읽거나 아이들에게 읽어줄 만한 책으로 추천하고 싶은 책은 뭐가 있나요?

#KidsDeserveIt

29장 집으로 가져가게 하라

모든 학교는 학생들이 무언가를 집으로 가져가게 한다. 어떤 학교는 숙제를 가져가게 한다. 또 다른 학교는 도서관 책이나 교과서를 가져가게 한다. 그러나 집으로 첨단기술을 가져가게 하는 것은 자주 볼 수 없다.

왜 그럴까?

아이들을 믿지 못해서일까? 아이들이 그것을 잃어버리거나 망가뜨리거나 훔쳐갈 거라고 생각하는 걸까? 우리가 두려워하는 것은 무엇일까?

두려움 떨치기

나(애덤)은 지난 8월에 스피로Sphero(아이패드로 조종할 수 있는 로봇 공)를 아이들이 집으로 가져가게 하기 시작했다. 학부모들은 믿을 수 없어 했고, 아이들도 몹시 놀랐다.

나는 매주 화요일 아침에 직접 가르치는 코딩 수업에서 사용하기 위해 학습용도로 스피로를 여러 개 구입했다. 스피로를 가지고 활동하는 아이들을 지켜보다가 갑자기 생각이 떠올랐다. 아이들에게 집으로 스피로를 가져가게 하면 어떨까?

말도 안 되는 생각이 아닌가? 내 말은, 어떤 교육자가 값비싼 기기를 학생들 집으로 가져가게 하는 것이 '좋은' 아이디어라고 생각하겠는가?

하지만 나는 개의치 않았다. 아이들의 눈에서 설렘을 보았고, 늘 실제 세상에서의 경험에 대해 이야기해왔기 때문에 그 말을 행동으로 옮기는 것이 좋겠다는 결론을 내렸다.

아이들의 집에 있어야 할 것은 아이패드밖에 없었고, 나는 학생들 대부분이 집에 아이패드가 있다는 것을 알고 있었다. 아이패드가 없는 학생은 그것도 가져가게 했다.

나는 스피로가 담긴 카트 사진을 인스타그램에 올리기로 결정했고, 학부모들에게 그것을 대출할 수 있다고 말했다. 말 그대로 내가 글을 올리고 30분 후에 여러 명의 학부모들이 내게 메시지를 보냈고 내 사무실에 와서 스피로를 대출해 갔다. 나는 아이들이 스피로를 조종하기 위해 사용할 수 있는 세 개의 앱을 색인 카드에 적어서 대출해 가는 학부모들에게 주었다.

아이들이 집에 가서 여러 시간 동안 무엇을 했을까? 아이들은 스피로를 가지고 놀았다! 학부모들은 자신의 인스타그램에 작동 중인 스피로의 사진을 올렸고, 그걸 보고 나는 우리가 대단한 일을 했다는 것을 알았다. 아이들은 코딩, 문제해결, 협력, 설계를 배우고 있었다. 잘 안 되어 답답해하다가 문제를 해결하는 과정에서 생각하고, 창의력을 발휘하고, 그 밖에 많은 일을 하고 있었다!

핑계 대지 마라

우리가 권한의 일부를 내주고, 핑계 대는 것을 그만두고, 아이들을 조금 더 믿어줄 때 아이들은 언제나 우리를 놀라게 한다는 것을 우리는 알았다. 약간의 문제가 없을 수는 없겠지만 그래도 여전히 멋질 것이다!

우리 학생들 대부분은 학교에 있는 '고급' 도구를 가지고 있지 않다. 크롬북(구글 크롬 운영체제로 사용하는 노트북으로 교육용으로 많이 사용됨―옮긴이), 스피로, 리틀비츠(모듈을 조립해 만드는 교육용 전자 장치―옮긴이), 오스모스(과학 교육용 퍼즐 게임 프로그램―옮긴이) 등이 그런 도구들이다. 학생들은 그것들을 우리가 미리 설계하고 미리 정한 교육 환경에서만 사용하고 그걸로 끝이다. 아이들이 자신의 공간에서 그런 도구를 써볼 수 있다면 정말 어떤 일을 해서 우리를 놀라게 할까?

아이들에게 기기나 몇몇 특별한 앱을 대여해주고 주말 동안 그것들을 탐구해보게 하면 어떤 일이 일어날지 상상해보라. 아니면 방과후 동아리를 시작하라. 아이들에게 자신이 사용하고 있는 도구나 또

설계하거나 만들고 있는 것들에 대해 이야기를 하게 하라.

우리가 권한의 일부를 내주고, 핑계 대는 것을 그만두고,

아이들을 조금 더 믿어줄 때

아이들은 언제나 우리를 놀라게 할 것이다.

기기들을 아이들이 집에 가져가게 하면 또 어떤 일이 일어나는지 아는가? 학생은 물론 학생의 가족들과도 신뢰를 구축하게 된다. 우리는 그들에게 이렇게 말하고 있는 것이다. "우리는 교실의 벽을 허물고 이 여정에서 동반자가 되기를 원합니다. 우리는 우리가 구입한 기기를 집에 가져가게 할 만큼 여러분을 신뢰합니다." 이런 메시지는 진정으로 경계와 선입견을 없앤다. 우리는 또 이런 말을 하고 있다. "우리는 네가 그 기기를 집으로 가져가서 개인 시간에 배우고 그런 다음 학교에 돌아와서 그 지식을 나누기를 원해!"

이것은 정말로 쉬운 일이다. 당신도 할 수 있다! 이미 많은 사람들이 하고 있고, 당신도 할 수 있다는 것을 우리는 안다.

그러나 누군가는 이런 생각을 하고 있을지도 모른다. "그래, 괜찮네. 그런데 우리는 기기를 살 돈이 없어." 우리도 안다. 우리 역시 자금을 구하기 어려운 환경에서 일해 왔고, 여전히 그렇다. 그러나 이런 때가 교사들이 가장 잘 하는 일, 바로 문제 해결을 해야 할 때이다. 창의력을 발휘할 순간이다.

우리가 기금 마련을 위해 가장 많이 이용하는 곳 중 하나는 도너스추즈DonorsChoose.org이다. 이 사이트에서 교실에 필요한 도구나 자료를 구입하기 위한 기금 마련 페이지를 만들 수 있다. 시작하기 쉽고 홍보하기는 더 쉽다. 우리는 그저 요청하기만 해서 수천 달러어치의 교육 자료를 받았고, 우리 교사들도 그랬다. 누구나 말할 수 있는 최악의 말은 "안 돼"이다.

기억해야 할 가장 중요한 사실은 당신의 학교에서 계획을 세우고 시작하는 데 시간이 오래 걸리지 않는다는 것이다. 약간은 겁이 날까? 가끔은 그렇다. 분실되거나 망가지는 기기나 도구는 없을까? 물론 있다. 그렇지만 그것도 살다 보면 있는 일이다. 우리는 각각의 상황을 있는 그대로 받아들인다. 교사가 할 수 있는 최선의 행동은 아이들에게 도구를 올바르게 사용하고 소중히 다루도록 가르치고, 그런 다음 아이들이 우리를 어떻게 놀라게 하는지 지켜보는 것이다.

더 큰 영감을 얻고자 한다면, 교사들도 집에 기기를 가져가게 하라. 그곳이 그들이 전문가가 되는 곳이다. 스피로, 드론, 태블릿, 크롬북 등을 집으로 가져가게 하라. 탐구하고 상상하고 창조할 힘을 집으로 가져가게 하라.

✖ 생각해보고 의견을 나눌 주제들 ✖

1 첨단 기기를 집으로 가져가게 하는 것을 당신이 망설인 이유는 무엇인

가요? 당신의 학교/교육청은 어떤가요?

2 다른 사람들이 그 일을 시도할 수 있게 설득하는 방법은 무엇일까요?

3 학생들이 집에 무언가를 가져가게 한 적이 있나요? 어떤 경험을 했나요?

#KidsDeserveIt

30장 마치며

―

우리가 이 책에서 나눈 아이디어와 의견들은 우리가 이미 하고 있는 대화에 더 많은 교육자들이 참여하기를 바라는 마음에서 나왔다. 우리는 더 큰 영향을 미치고 싶어 하는 교육계의 많은 사람들과 연결되어 있다. 교육자들이 자신을 옭아매는 시스템 때문에 좌절하는 일— 제지를 받고 "안 된다"는 말을 듣고 좌절하는 일—이 계속해서 벌어지고 있다. 너무도 많은 이들이 틀에 매여 있고, 정해진 길로만 가고, 그 길에서 벗어나 새로운 길을 개척하는 것을 두려워한다. 우리는 핑계를 대고, 아이들이 무언가를 할 수 없는 이유만 늘어놓고, 지루한 것에서 편안함을 느끼는 사람들로 둘러싸인 교육자들을 만나왔다.

주의를 기울이지 않는다면 이런 상황은 당신의 영혼을 좀먹고 교직을 떠나고 싶게 만들 수도 있다. 이 책에 담은 우리의 바람은 대화를 촉발시키고 혼자가 아니라는 것을 사람들에게 일깨우는 것이다. 결과가 어떨지 개의치 않고 대화를 시작하고, 경계를 넓혀가고, 현 상황에 도전하고 있는 교육자들이 아주 많이 있다(또한 점점 더 많아지고 있다).

우리는 우리를 틀에 가두려는 목소리가 사라지기를 바란다. 교육에 관한 수많은 부정적인 이야기들이 줄어들기를 바란다. 위험을 무릅쓰는 모험가, 공상가, "안 된다"라는 대답을 받아들이지 않는 사람들과 끊임없이 아이들을 위해 최선을 만들어 가는 사람들을 더 널리 알리기를 원한다.

결국에는 우리의 모든 노력들이 아이들에게 돌아가기를 바란다. 이 책이 당신을 생각하게 만들고, 몇몇 오해에 도전하고, 그리고 밖으로 나와 용기를 낼 수 있도록 힘을 불어넣었기를 바란다. 아이들을 위해 싸워주는 소수의 사람들만으로는 부족하다. 우리 모두가 아이들을 위해 싸워야 한다. 이제 당신이 나설 시간이다. 우리에게는 낭비할 시간이 없다. 왜냐고? 아이들은 자격이 있기 때문이다!

감사의 글

토드

우선 나의 아내 리세트에게 감사의 마음을 전하고 싶다. 그녀는 성자와 같은 인내심과 연민을 가지고 내가 꿈을 추구할 수 있도록 끝없는 지지와 격려를 보내주었다.

지금까지 내가 가르친 학생들에게도 고마움을 전하고 싶다. 진정으로 그 아이들은 내가 알고 있는 모든 것을 가르쳐 주었고, 이 일을 계속 할 수 있도록 나의 열정에 불을 지펴주는 존재들이다.

웹 초등학교와 나바소타 독립교육구의 우리 팀에게도 감사하다. 그들은 매일 나에게 영감과 자극을 주었다. 우리 팀의 지지가 없었다면 나는 지금의 절반도 이루지 못했을 것이다. 웹 초등학교의 식구들은 완벽한 화합을 이룬다. 모든 팀원들은 하루하루 지칠 줄 모르고 일하고, 우리 학교를 매일 오고 싶은 학교로 만드는 일에 힘을 보태고 있다. 우리는 전국 최고의 팀을 가지고 있다.

지금의 나를 있게 해준 모든 이들에게 감사의 마음을 전하고 싶다. 나의 어린 시절 목사님인 트로이 사이크스 목사님과 닉 쇼크 목사님, 이 모든 '소셜 미디어'와 닌자 여정을 함께 시작했던 친구들, 스페이시 허핀, 윌러 독립교육구 전 동료들.

벤 길핀, 브래드 거스탑슨, 크리스 팜보뇨는 나의 삶을 완전히 바꿔놓았고 계속해서 나의 자문이자 격려자가 되어주고 있다. 지금까지 수년간 이분들은 내 인생에서 가장 힘든 시기를 헤쳐 나가도록 도와주었고, 단 한 번도 나를 재단하거나 저버리지 않았다. 나는 이들의 우애를 영원히 고마워할 것이다.

트로이 무니에게도 감사하다. 그가 아니었다면 내 인생을 바꾼 소셜 미디어를 시도하지 않았을지도 모른다.

내 가족들에게도 고맙다. 그들은 나와 함께 웃고, 같이 싸워주고, 내게 힘을 주었다. 가족이 해주어야 하는 일들을 다 해주었다. 늘 나를 보살펴주는 어머니와 아버지에게도 감사드린다. 그런 부모님이 안 계셨다면 오늘날 이 자리에 있지 못했을 것이다.

처음부터 우리를 믿어준 데이브와 셸리 버제스에게도 감사의 마음을 전한다. 그들은 우리가 우리다울 수 있게 격려하고, 우리의 목소리를 찾을 수 있게 도와주었다. 이 책은 그분들이 모험을 했기 때문에 나올 수 있었다. 두 분은 우리의 교육영웅에서 우리의 친구, 우리의 출판인이 되어 주었고 그밖에도 많은 도움을 주었다. 앞으로 어떤 일이 펼쳐질지 너무나 기다려진다.

그리고 마지막으로 애덤에게 고마움을 전한다. 우연히 어느 모임에서 의형제를 만나고 나의 세계 전체가 좋은 의미로 뒤집히게 될 거라고는 전혀 예상하지 못했다. 이 책은 그가 없었다면 세상에 나오지 못했을 것이다. 매일(매 시간은 아니라도) 그는 나를 더 나은 방향으로 밀어준다. 내가 어떤 사람이고, 무엇을 위해 싸우고 있는지 상기시켜 준다. 나를 격려해주고 나와 내 가족들을 자신의 가족처럼 대해준다. 이런 우정과 동지애는 생각지도 못한 축복이고 진정 신이 내게 주신 선물이다. 고맙다. 나와 이 여정을 함께해줘서. 나를 있는 모습 그대로 받아줘서. 그리고 결코 안주하지 않게 해줘서. 이 책과 '아이들은 자격이 있다!Kids Deserve It!' 운동 전반에는 우리가 공유하는 생각과 공동 작업이 완벽하게 녹아 있다. 이 여정을 다른 누군가와 함께한다는 건 생각할 수도 없다.

애덤

고맙고 감사를 표해야 할 사람들이 많지만, 나를 교육자로 그리고 지금의 나로 만들어준 분들은 다름 아닌 나의 부모님이다. 나의 아버지 (밥 레퍼키)는 35년 넘게 2학년과 3학년 학생들을 가르쳤다. 아버지가 학생들과 함께 활동을 하고 학생들을 격려하고 혁신을 시도하고, 아이들에게 성공할 수 있다고 말해주는 것을 본 경험이 나를 교육자로 만들었다. 그 모든 영감과 동기를 주신 아버지에게 감사하다. 아버지가 무척 그립고 이곳에서 이 책을 읽으셨으면 좋겠다! 항상 나를 격려해주시고 믿어주시고 무슨 일이 있어도 사랑해주신 나의 어머니 (모린 앱서)께도 감사드린다.

내 아내(스테이시)와 두 아이들(그레타와 틸던)은 매일 웃음과 사랑, 미소, 그리고 우리가 함께 만들고 있는 너무도 많은 멋진 추억을 주었다. 우리 가족 모두를 정말 많이 사랑한다.

내가 5학년 교사였을 때 나의 첫 번째 '교사 코치'였던 킴 해밀에게도 감사드린다. 선생님은 내 손을 잡고 나를 성공의 길로 이끌어주셨다. 나는 아직도 여러 면에서 우리의 우정을 소중히 간직하고 있다. 선생님이 나에게 베풀어준 그 모든 은혜에 감사드린다.

레슬리 앤더슨과 나딘 로젠즈와이그에게도 감사하다. 그분들은 내가 지금의 교장이 될 수 있도록 정말로 큰 지도와 도움을 주셨다. 내 인생에서 두 명의 강력하고 열정적이고 재능 있고 노련하고 집중력 있는 여성 리더를 만난 것은 대단히 좋은 의미에서 내게 큰 영향을 미쳤다.

그동안 내가 가르친 모든 학생들에게도 고맙다. 그 아이들은 나를 더 좋은 교사이자 더 나은 인간으로 만들어주었다. 오랜 시간이 지난 뒤에도 내게 연락해주어서, 그래서 우리가 연결되고 함께 웃고 자신의 다음 여정에 대해 이야기할 수 있어서 감사하다.

물론 토드를 빼놓을 수 없다. 트위터를 통해 우리는 가까워졌고, 롱비치에서 만난 그날 저녁 교육에 대한 우리의 열정은 확고해졌다. 그와 함께한 집필은 너무도 즐거운 여정이었다. 함께 우정을 나누고, 함께 울고 웃었고, 언제나 아이들을 위한 최선의 일을 한 시간이었다. 나와 책을 함께 써줘서 고맙다, 내 친구!

옮긴이 강순이

고려대학교 영어교육과를 졸업하고 교사로 재직했으며, 현재는 펍헙번역그룹에서 책을
발굴하고 번역하는 일을 하고 있다.

옮긴 책으로는 『가짜 우울』, 『무엇이 수업에 몰입하게 하는가』, 『사회주의 100년』(공역),
『우리는 왜 어리석은 투표를 하는가』 등이 있다.

아이들은 자격이 있다!

교육, 혁신, 창의성의 원천

지은이 토드 네슬로니, 애덤 웰컴
옮긴이 강순이

1판 1쇄 발행 2017년 7월 10일

펴낸이 이후언
편집 이후언
디자인 서주성
제작처 (주)현문자현

펴낸곳 새로온봄
주소 06270 서울시 강남구 논현로 209, 101-1804
전화 02-6204-0405
팩스 0303-3445-0302
이메일 hoo@onbom.kr
홈페이지 www.onbom.kr

Copyright ⓒ 새로온봄 2016, printed in Korea
ISBN 979-11-956996-3-6 03370

책 값은 표지 뒤쪽에 있습니다. 파본은 구입하신 서점에서 교환해 드립니다.

이 도서의 국립중앙도서관 출판예정도서목록(CIP)은
서지정보유통지원시스템 홈페이지(http://seoji.nl.go.kr)와
국가자료공동목록시스템(http://www.nl.go.kr/korisnet)에서 이용하실 수 있습니다.
(CIP 제어번호: CIP2017014735)